NINGXIA ZHISHI CHANQUAN BAOHU ZHUANGKUANG HUIBIAN

宁夏知识产权保护状况汇编
（2018—2022）

宁夏回族自治区

知识产权战略实施工作部门联席会议办公室　编

黄河出版传媒集团
宁夏人民出版社

图书在版编目（CIP）数据

宁夏知识产权保护状况汇编：2018—2022 / 宁夏回族自治区知识产权战略实施工作部门联席会议办公室编. — 银川：宁夏人民出版社，2023.12
ISBN 978-7-227-07998-9

Ⅰ. ①宁… Ⅱ. ①宁… Ⅲ. ①知识产权保护－概况－宁夏－2018-2022 Ⅳ. ①D927.430.34

中国国家版本馆 CIP 数据核字（2024）第 030865 号

宁夏知识产权保护状况汇编（2018—2022）

宁夏回族自治区知识产权战略实施工作部门联席会议办公室　编

责任编辑　管世献
责任校对　陈　晶
封面设计　姚欣迪
责任印制　侯　俊

 黄河出版传媒集团
宁夏人民出版社　出版发行

出 版 人　薛文斌
地　　址　宁夏银川市北京东路 139 号出版大厦（750001）
网　　址　http://www.yrpubm.com
网上书店　http://www.hh-book.com
电子信箱　nxrmcbs@126.com
邮购电话　0951-5052104　5052106
经　　销　全国新华书店
印刷装订　宁夏凤鸣彩印广告有限公司
印刷委托书号　（宁）0029001

开本　720 mm×980 mm　1/32
印张　5.75
字数　114 千字
版次　2023 年 12 月第 1 版
印次　2023 年 12 月第 1 次印刷
书号　ISBN 978-7-227-07998-9
定价　25.00 元

继往开来
实现宁夏知识产权高质量发展
（前言）

2018—2022年，恰逢知识产权"十三五"规划与"十四五"规划承上启下、继往开来之时，也是宁夏回族自治区社会经济加速发展、改革进程深化推进的重要时期。宁夏坚持以习近平新时代中国特色社会主义思想为指导，深入学习贯彻党的二十大精神，有力落实《"十三五"国家知识产权保护和运用规划》《"十四五"国家知识产权保护和运用规划》《知识产权强国建设纲要（2021—2035年）》《关于强化知识产权保护的意见》《知识产权创造、运用、保护、管理和服务工作成效突出的省（自治区、直辖市）激励措施实施办法》要求，全面贯彻自治区第十三次党代会精神。自治区党委和政府高度重视知识产权工作，多次召开政府常务会议，专题研究部署知识产权工作，紧紧围绕习近平总书记视察宁夏重要讲话和重要指示批示精神，深入落实习近平总书记关于全面加强知识产权保护工作的重要指示批示精神和党中央、国务院决策部署，专题传达学习习近平总书记在中央政治局第二十五次集体学习时的重要讲话精神，研究贯彻落实意见，以实现全区知识产权高质量发展为目标，结合宁夏实际统筹部署自治区知识产权强区建设、知识产权保护等重点任务举措，通过强化知识产权保护和运用促进，为宁夏黄河流域生态保护和高质量发展先行区建设提供有力支撑。

目　录

继往开来实现宁夏知识产权高质量发展（前言）………　1

第一章　知识产权顶层设计……………………………………　1

　第一节　全区：加强统筹协调，织密法规体系……　1

　第二节　银川市：加强组织领导，引领创新动能

　　　　　……………………………………………………　6

　第三节　固原市：推进强市战略，服务发展大局

　　　　　……………………………………………………　7

　第四节　石嘴山市：落实战略部署，筑牢保护合力

　　　　　……………………………………………………　8

　第五节　吴忠市：打造高效模式，构建新型格局

　　　　　……………………………………………………　9

　第六节　中卫市：贯彻工作部署，提升保护成效

　　　　　……………………………………………………　13

第二章 知识产权公共服务…………………………… 15

　　第一节 全区：打造服务品牌，优化营商环境

　　　　　…………………………………………… 15

　　第二节 银川市：加强品牌指导，提升运用效能

　　　　　…………………………………………… 66

　　第三节 固原市：强化组织保障，引领示范龙头

　　　　　…………………………………………… 74

　　第四节 石嘴山市：加强协作联动，健全保护机制

　　　　　…………………………………………… 79

　　第五节 吴忠市：积极组织实施，打造高效模式

　　　　　…………………………………………… 88

　　第六节 中卫市：推进商标战略，提升服务能力

　　　　　………………………………………… 102

第三章 知识产权司法保护………………………… 121

　　第一节 知识产权司法改革创新发展情况……… 121

　　第二节 知识产权案件审判…………………… 135

　　第三节 知识产权检察履职…………………… 139

　　第四节 知识产权典型案例…………………… 141

第四章 知识产权文化建设与重要项目………… 152

　　第一节 全区：树立融合理念，营造保护氛围

　　　　　………………………………………… 152

第二节 银川市：加强宣传教育，引导企业履责

　　·················· 161

第三节 固原市：多措并举，增强知识产权意识

　　·················· 162

第四节 石嘴山市：开展多样活动，打造普法阵地

　　·················· 164

第五节 吴忠市：加强宣传造势，保障重要活动

　　·················· 167

第六节 中卫市：强化宣传培训，营造良好氛围

　　·················· 170

第一章 知识产权顶层设计

第一节 全区：加强统筹协调，织密法规体系

2018—2022 年，宁夏回族自治区积极加强知识产权保护顶层设计与统筹协调，制定及完善各项知识产权法规政策，建立顺畅、高效的知识产权战略实施工作体系。

2018 年 自治区第十二届人民代表大会常务委员会第五次会议修订通过《宁夏回族自治区促进科技成果转化条例》《宁夏回族自治区奶产业发展条例》。

2019 年 自治区第十二届人民代表大会常务委员会第十一次会议通过《宁夏回族自治区枸杞产业促进条例》。自治区市场监督管理厅（知识产权局）加强自治区知识产权战略实施工作统筹协调机制建设，修订知识产权战略实施工作部门联席会议制度，调整联席会议成员单位并扩容升格，充分发挥联席会议的平台支撑作用；落实《2019 年宁夏知识产权战略实施暨强国建设工作要点》，确保自治区知识产权战略实施工作有序进行；制定实施《自治区2019 年知识产权执法保护专项行动方案》；制定《强化知识产权创造保护和运用行动计划》，实施知识产权质量提

升工程、强化知识产权保护工程等十条举措，构建全区优化营商环境总体方案。

2020 年 自治区第十二届人民代表大会常务委员会第二十三次会议修订通过《宁夏回族自治区技术市场促进条例》《宁夏回族自治区发展中医条例》。自治区市场监督管理厅（知识产权局）修订《宁夏回族自治区知识产权战略实施工作部门联席会议制度》，并组织召开联席会议；牵头制定《关于强化知识产权保护的实施意见》，综合运用法律、行政、经济、技术、社会治理等手段，加大知识产权行政保护和司法保护，围绕知识产权严保护、大保护、快保护、同保护，全面提升知识产权治理能力；制定《2020年宁夏知识产权战略实施工作要点表》《2020年推动知识产权强区建设工作要点》；启动《宁夏回族自治区知识产权保护和运用"十四五"规划》编制工作，落实《2020年知识产权创造保护和运用优化营商环境改革举措》。宁夏知识产权战略信息工作得到国务院知识产权战略实施工作部际联席会议办公室的表彰。自治区高级人民法院制定《打击侵犯知识产权和制售假冒伪劣商品犯罪的指导意见》，强化司法审判。自治区市场监督管理厅（知识产权局）、公安厅、自治区人民检察院、自治区高级人民法院联合制定《宁夏回族自治区食品药品行政执法与刑事司法衔接工作实施办法》，建立食品药品线索通报、案件移送、信息共享、信息发布、结果通报等执法协作机制和行刑衔接工作流程规范。

2021 年　自治区第十二届人民代表大会常务委员会第二十八次会议修订《宁夏回族自治区非物质文化遗产保护条例》，自 2021 年 9 月 1 日起施行。制定《2021 年宁夏知识产权战略实施工作要点》，围绕深化知识产权领域改革、严格保护知识产权等方面，深入推进全区知识产权战略实施工作；制定自治区《2021 年贯彻落实〈关于强化知识产权保护的实施意见〉推进计划》，建立《关于强化知识产权保护的实施意见》相关改革任务台账，并组织相关单位定期报送完成情况，及时汇总更新完善；开展 2020 年知识产权保护工作检查考核问题整改及督查，组织开展迎接 2021 年检查考核工作，细化分解考核任务，召开迎检工作推进会，收集支撑材料完成检查考核自评及初评结果复核；将"知识产权保护"首次列入对自治区各市、县（区）党委政府的效能考核；积极与自治区高级人民法院、公安厅等部门协商建立多元化纠纷协调解决机制及行刑衔接机制，推荐 2 家知识产权纠纷调解组织和 10 名调解人员入驻最高人民法院知识产权纠纷调解平台开展工作，调解 3 起纠纷；加强跨区域知识产权保护，签署《黄河生态经济带知识产权保护合作协议》和《西北五省（区）及新疆生产建设兵团加强知识产权保护合作协议》；启动修订《宁夏回族自治区专利保护条例》；印发《2021 年宁夏知识产权行政保护工作方案》《宁夏回族自治区知识产权专家库管理办法（试行）》。自治区党委宣传部、财政厅、市场监督管理厅联合印发《宁夏回族自治区知识产权专项资金管理办法》，规范知识产权专项资金管理。市场监督管理厅（知识产权局）和公安、农业农村等部门为落实《宁夏回族自治区食品药品行政执法与刑事司法衔接工作实施办法》，联合印发《关于加强协作配合强化知识产权保护实施方案》和《关于加强自治区食用农产品领域执法衔接工作的通知》。检察院、市场监管部门印发《关于开展全区侵权假冒行政执法案件专项监督活动的通知》，围绕行政执法规范、行政执法原则、线索移送等主要内容开展行政监督。自治区高级人民法院制定《打击侵犯知识产权和制售假冒伪劣商品犯罪的指导意见》，强化司法审判，不断优化工作衔接力度，确保全环节、全要素、全链条打击违法犯罪。

2022 年　自治区党委、政府出台《宁夏回族自治区知识产权强区建设纲要（2021—2035 年）》，这是自治区进入高质量发展新阶段、面向未来 15 年知识产权事业发展作出的重大顶层设计和战略部署，是第一个以党委、政府名义印发的知识产权领域纲领性文件。自治区人民政府出台《宁夏回族自治区知识产权保护和运用"十四五"规划》，明确提出了"十四五"时期全面提升知识产权保护和运用水平的 8 项发展目标和 19 项重点任务。自治区市场监督管理厅（知识产权局）制定印发《2022 年宁夏知识产权行政保护工作实施方案》，开展北京 2022 年冬奥会和冬残奥会奥林匹克标志知识产权保护专项行动；聚焦自治区"六新六特六优"产业（六新：新型材料、清洁能源、装备制造、数字信息、现代化工、轻工纺织。六特：葡萄酒、枸杞、牛奶、肉牛、滩羊、冷凉蔬菜。六优：文化旅游、现代物流、现代金融、健康养老、电子商务、会展博览）领域，联合林草局修订《"宁夏枸杞"地理标志证明商标使用管理规则》《"宁夏枸杞"地理标志证明商标使用管理办法（试行）》《"宁夏枸杞"地理标志商标保护办法》；健全知识产权行政执法与刑事司法衔接工作机制，联合自治区人民检察院制定《关于强化知识产权协同保护的实施意见》（宁市监发〔2022〕98 号），与自治区版权局、自治区人民检察院、公安厅、司法厅、文化和旅游厅 5 部门共同出台《关于加强知识产权行政执法和刑事司法衔接工作的意见》（宁市监发〔2022〕99 号），实现了知识产权刑事司法和行政执法在信息共享和办案移送等方面的有效合作，形成了打击整治侵犯知识产权违法犯罪行为的工作合力；建立行政调解与司法确认衔接机制，办理首例专利侵权纠纷行政调解协议司法确认，不断完善知识产权多元化纠纷解决途径；加强与黄河流域 9 省区知识产权保护、西部 12 省区的地理标志保护协作，签订知识产权保护合作协议，开展案件线索移送、联合执法保护等，先后向陕西、河北等省移交涉枸杞、滩羊、葡萄酒等侵犯知识产权线索 5 件，初步构建起知识产权大保护格局。同年，自治区第十二届人民代表大会第五次会议通过《宁夏回族自治区建设黄河流域生态保护和高质量发展先行区促进条例》；自治区第十二届人民代表大会常务委员会第三十三次会议通过《宁夏回族自治区优化营商环境条例》。自治区市场监督管理厅（知识产权局）结合全国扫黑除恶工作年度总体思路安排和宁夏实际，制定《2022年全区市场监管领域突出问题专项整治方案》。积极加强与自治区人大常委会、自治区党委宣传部、司法厅等单位的沟通协调，提请自治区人大常委会将《宁夏回族自治区专利保护条例》列为2022年立法调研论证项目。制定《宁夏专利侵权纠纷行政裁决规程（征求意见稿）》，统一规范全区专利侵权纠纷行政裁决案件办理。自治区公安厅、药品监督管理局印发《打击药品领域违法犯罪行为执法协作实施办法》，加大对药品领域违法犯罪的打击力度。

第二节　银川市：加强组织领导，引领创新动能

加强组织领导，全面统筹知识产权保护。2018—2022年，银川市深入贯彻落实中共中央、国务院《关于强化知识产权保护的意见》《知识产权强国建设纲要（2021—2035年）》，出台《银川市关于加强知识产权保护与促进工作的意见》《银川市关于进一步强化知识产权保护的实施意见》《银川市知识产权违法行为举报奖励办法》等一系列政策文件，知识产权保护水平全面提升，知识产权保护机制不断完善。同时，制定了《银川市知识产权保护和运用"十四五"规划》《银川市实施专利转化专项计划行动方案（2022—2024年）》等政策文件，紧扣银川市建设"两都五基地"、发展"三新"产业等决策部署，以建设国家知识产权强市建设试点城市、贺兰山东麓葡萄酒国家地理标志产品保护示范区为抓手，

着力打通知识产权创造、运用、保护、管理和服务全链条，多角度、全方位推进知识产权保护工作。2022 年，银川市公安局会同市场监管、生态环境、自然资源局等行政主管部门联合印发《关于严格落实两法衔接工作机制的实施意见》，强化知识产权协同保护。

聚焦知识产权创新指标，推动顶层设计和制度建设。严抓知识产权行政执法保护，不断提升知识产权保护能力和水平，扎实开展知识产权促进、运用及保护工作，持续聚焦知识产权创新制度建设，以试点企业引领创新动能，积极营造公平竞争市场环境，探索多元协作区域联动机制，塑造营商环境新优势。2022 年 8 月，经自治区市场监督管理厅（知识产权局）推荐、国家知识产权局审核，银川市入选首批"国家知识产权强市建设试点城市"名单。

第三节　固原市：推进强市战略，服务发展大局

深入贯彻创新保护理念，实施知识产权强市战略。自2019 年知识产权工作职责划归固原市市场监督管理局以来，固原市市场监督管理局坚持以习近平新时代中国特色社会主义思想为指导，牢固树立保护知识产权就是保护创新的理念，全面落实中央、自治区、市委政府工作要求，在自治区市场监督管理厅（知识产权局）的指导下，紧密结合全市经济社会发展实际，营造良好营商环境，大力实施知识产权强市战略，支持知识产权创造运用，推动全市乡村

振兴、品牌建设和服务高质量发展。

积极推进行政机构改革，优化知识产权保护职能配置。根据中共固原市委办公室、固原市人民政府办公室印发《固原市市场监督管理局职能配置内设机构和人员编制规定》的通知精神，固原市市场监督管理局设内设机构知识产权促进与保护科，具体承担知识产权管理和知识产权公共服务体系建设工作，组织知识产权转移转化、知识产权金融服务、知识产权信息传播利用工作；承担知识产权信息服务平台建设普及工作以及统计分析工作，依法对知识产权服务机构实施监管，承担知识产权保护体系建设相关工作，负责知识产权争议处理、维权援助和纠纷工作；负责电子商务领域专利纠纷调处工作；承担地理标志证明商标、原产地地理标志、特殊标志等官方标志相关保护工作；负责知识产权法律、法规、政策的宣传普及工作。知识产权促进与保护科设科长1名，副科长1名，负责全市知识产权促进和保护工作。

第四节　石嘴山市：落实战略部署，筑牢保护合力

成立专职机构，明确分工职责。2018—2022年，石嘴山市深入贯彻习近平总书记在中央政治局第二十五次集体学习时的重要讲话精神，认真落实自治区市场监督管理厅（知识产权局）和石嘴山市委政府的安排部署，突出重点，狠抓落实，全面强化知识产权保护，加强知识产权保护的

顶层设计，取得了一定的成效。2019年3月，石嘴山市政府机构改革职能调整，将专利工作职责由科技部门划转至市场监管部门，知识产权局挂靠在石嘴山市市场监督管理局，设立知识产权科。

配齐专职人员，做好合理分工。市、县（区）配备33名专兼职人员，负责知识产权管理工作，形成市局牵头、县区联动和市场监管所协同的三级联动执法网络。石嘴山市委宣传部等成员单位配备57人，形成合力，共同推进知识产权保护工作。

完善联席机制，牵头保护工作。发挥知识产权牵头部门的作用，制定知识产权联合执法、信息通报、联席会议等制度，适时召开成员单位联席会议，全面部署推进知识战略的实施。

制定实施方案，细化工作措施。制定《石嘴山市关于强化知识产权保护的实施方案》，规划2021—2025年知识产权保护目标和任务，细化工作措施，努力使知识产权侵权易发多发现象得到有效遏制，权利人维权"举证难、周期长、成本高、赔偿低"的局面明显改观。

第五节　吴忠市：打造高效模式，构建新型格局

推进知识产权工作相关职能调整，促进运用保护形成科学统一高效运行模式。"十三五"期间，吴忠市知识产权工作实现职能调整，将原来由科技局承担的专利促进运

用保护和原来由市场监督管理局承担的注册商标服务监管执法整合，成立新的知识产权局，统一管理知识产权促进运用保护职能，知识产权促进运用保护形成科学统一高效运行模式。2018—2022年，吴忠市委、市政府高度重视知识产权工作，吴忠市知识产权局按照自治区知识产权局、吴忠市委政府和市局党委的安排部署，强化组织领导，完善工作机制，认真学习贯彻习近平总书记在中央政治局第二十五次集体学习时的重要讲话精神、习近平总书记和党中央对知识产权工作的重要指示和决策部署，认真履行知识产权促进运用保护监管服务职能，进一步完善知识产权品牌战略，把培育发展运用商标、专利作为区域经济发展的重要抓手，努力构建知识产权严保护、大保护、同保护、快保护工作格局，有力促进了地方经济发展。

加强知识产权顶层设计，落实行政保护属地责任。吴忠市认真贯彻落实中办、国办《关于强化知识产权保护的意见》和《自治区党委办公厅　人民政府办公厅印发〈关于强化知识产权保护的实施意见〉的通知》精神，制定《吴忠市关于强化知识产权保护的若干措施》；启动《吴忠市知识产权"十四五"规划》编制工作，通过启动项目座谈调研、公开征求意见、专家论证、风险评估、公平竞争审查和合法性审查，经人民政府常务会议研究，印发《吴忠市知识产权保护和运用"十四五"规划》；制定印发《吴忠市2022年知识产权行政保护工作计划》，明确年度知识产权促进运用和保护的重点内容，细化工作措施，建立工作台账，明确责任部门、责任人；扎实推进自治区《关于强化知识产权保护的实施意见》《宁夏回族自治区知识产权强区纲要（2021—2035年）》和《宁夏回族自治区知识产权保护和运用"十四五"规划》落实工作，加强知识产权行政保护，推动知识产权强国建设，服务地方经济高质量发展。

建立知识产权联合保护机制，发挥联席会议机制作用。建立吴忠市市域知识产权保护联席会议制度，召开联席会议，交流知识产权保护工作经验，通报知识产权典型案例，进一步完善吴忠市知识产权保护制度，优化知识产权工作机制，强化知识产权保护工作；组织市域知识产权保护联席会议成员单位，开展第二十个世界知识产权日宣传活动，营造知识产权保护良好氛围。市人民检察院、市场监督管理局、公安局、新闻出版局等7部门联合印发《关于加强知识产权行政执法与刑事司法衔接工作的意见》，建立完善联合打击侵犯知识产权工作机制；盐池县检察院推行"盐池滩羊"品牌公益诉讼试点工作，加强对市场监管、农业农村、自然资源等行政部门履职监督，形成"盐池滩羊"品牌保护合力；市知识产权局与市中级人民法院签订《知识产权司法保护和行政执法衔接合作协议》，同市公安部门建立"知识产权保护企业维权警务室"3个、"知识产权维权援助站"1个、"商标品牌指导站"2个、"商业秘密保护联络点"1个，指导"吴忠严选"等2家电子商务平台建立知识产权保护工作规则，委托第三方开展吴忠市知识产权假冒侵权线索监测服务，探索知识产权维权新途径，在知识产权行政司法调解、行刑衔接、疑难问题会商、法规宣传、业务培训、专项整治等方面加强协作配合，形成全链条保护工作机制。

加强组织指导，开展知识产权强国建设试点示范申报。积极推进建设国家级知识产权试点城市，制定建设方案，对每年的工作目标和任务进行细化和量化，提出重点任务和具体措施，要求在专利数量质量双提升、专利导航、知识产权运营等方面取得新突破；申请国家知识产权局安排1名知识产权专员到吴忠市挂职，从人才角度对吴忠市智能装备制造领域的知识产权创造和运用工作给予支持；根据国家知识产权局、自治区知识产权局相关工作安排，针对吴忠市实际，指导青铜峡市积极申报知识产权强国试点县域，经自治区知识产权局审核，将青铜峡市作为自治区2个试点县域之一向国家知识产权局推荐；经国家知识产权局公示，青铜峡市被列为全国知识产权强县建设试点县域，并获得自治区30万元专项资金补助。

加强财政保障，巩固知识产权基础建设。2022年，吴忠市、县（市、区）两级财政拨付知识产权保护和运用专项资金31.5万元，其中市本级10万元、县级21.5万元。为60家企业兑付2021年度自治区知识产权专项补助资金152万元。

第六节　中卫市：贯彻工作部署，提升保护成效

2018—2022 年，中卫市知识产权局在市委、市政府的正确领导下，在自治区市场监督管理厅（知识产权局）的大力支持下，认真贯彻落实《宁夏回族自治区知识产权战略纲要》《宁夏回族自治区知识产权战略实施行动计划（2015—2020年）》，按照区厅各项业务工作的安排部署，围绕市委、市政府各项重点工作，以增强自主创新能力为目标，以提升专利申请数量和质量为中心，深入实施知识产权战略，全面提升中卫市知识产权创造、运用、保护、管理和服务能力，圆满完成了各项工作任务，取得了显著成效。

成立专职机构，明确职责分配。2019 年 3 月，按照中卫市编办《中卫市市场监督管理局职能配置、内设机构和人员编制规定》，中卫市市场监督管理局加挂中卫市知识产权局牌子，内设质量监管与知识产权保护科，承担市辖区质量监督管理、广告监管、知识产权保护等工作。科室现有工作人员 2 名，负责拟定并组织实施知识产权创造、保护和运用的规划、政策和制度；开展知识产权保护工作；指导和处理知识产权争议、维权援助、纠纷调处。市局综合执法局承担涉及商标专利、知识产权等案件的查办工作。中宁县市场监督管理局和海原县市场监督管理局未设置专职的知识产权保护科，知识产权保护工作由综合业务科室承担。

注重顶层设计，助力高质量发展。先后制定出台《中卫市关于知识产权保护工作实施方案》《关于深化知识产

权领域"放管服"改革优化创新环境和营商环境实施方案》《中卫市关于加快实施商标战略的意见》《中卫市商标发展规划》《中卫市科技事业发展"十三五"规划纲要》《中卫市专利资助管理暂行办法》等政策文件；在充分调查研究，认真总结、分析中卫市知识产权发展现状、存在短板的基础上，通过公众参与、专家论证、司法审核、集体讨论等程序，编制《中卫市知识产权保护和运用"十四五"规划》，为"十四五"期间全市知识产权工作的发展确定了路线图和时间表。

优化保护方式，推进知识产权大保护。中卫市进一步完善知识产权制度，强化知识产权保护，推动知识产权矛盾纠纷多元化解的"大保护"格局，调动社会力量参与知识产权保护治理，推进知识产权社会共治；制定中卫市知识产权工作部门联席会议制度，成立中卫市知识产权工作部门联席会议，召开中卫市知识产权第一次联席会议，进一步统一思想、凝聚合力、明确职责，以高度的思想自觉和行动自觉，切实增强做好知识产权工作的责任感和使命感；设立中国（宁夏）知识产权援助中心宁夏锐盛明杰知识产权咨询有限公司维权援助工作站；建立 2 个商标品牌指导站（宁夏锐盛明杰知识产权咨询有限公司商标品牌指导站、中宁国际枸杞交易中心商标品牌指导站）；联合市公安局在高新技术企业成立 5 个知识产权保护站；联合中卫仲裁委员会成立中卫市知识产权纠纷调解委员会；印发《建立知识产权民事纠纷仲调对接机制的意见》，诉调对接、调判结合，充分利用信息化手段，加强知识产权案件调解、审判工作，积极化解纠纷，依法保护当事人合法权益。

第二章　知识产权公共服务

第一节　全区：打造服务品牌，优化营商环境

2018—2022 年，自治区市场监督管理厅（知识产权局）紧紧围绕厅党组的决策部署，加强知识产权顶层设计，积极开展专利纠纷调处、知识产权执法维权专项行动，强化知识产权行政保护，在自治区重点行业、重点领域做好知识产权保护工作，加大知识产权宣传培训力度，做好国家知识产权局宁夏业务受理窗口业务管理，有力提升了自治区知识产权保护的能力和水平，营造了良好的营商环境。

一、知识产权行政服务与促进培育

2018—2022 年，自治区充分发挥国家知识产权局专利局银川代办处、商标局商标受理窗口工作职能，为企业及群众提供专利申请和商标注册便利化服务，注重精细化管理，实现提质增效工作稳步推进。打造服务品牌，发挥引领示范作用。加强业务融合，实现知识产权"放管服"改

革向纵深推进。代办处大力推广专利电子申请、商标申请及属地化办理，本地区专利电子申请率、商标申请、专利商标收费、专利质押登记业务稳中有升，其他业务稳中有进，各项业务稳中向好；针对宁夏知识产权质押融资工作推出便民惠企措施，实地对企业和金融机构进行"一对一"服务指导。同时，代办处以专利、商标业务"一窗通办"作为突破口，广泛宣传有关专利、商标业务办理途径和方式，采取服务事项"预约办""网上办""快递办""自助办"；为了提高业务办理质量和服务水平，严格按照受理工作的审限要求，切实做好"受理流程无积压"、工作零差错。

表1 2018—2022年宁夏专利相关数据

年度（年）	2018	2019	2020	2021	2022
有效发明拥有量（件）	2820	3201	3691	4310	5195
万人有效发明拥有量（件）	4.14	4.65	5.31	5.98	7.17
万人高价值发明拥有量（件）	1.03	1.24	1.41	1.57	1.96
授权量（件）	5656	5552	7709	12884	12451
申请量（件）	9839	9268	12924	14579	14591

表2 2018—2022年宁夏商标申请量及商标有效注册量

年度（年）	2018	2019	2020	2021	2022
商标申请量（件）	15851	18023	23252	24815	21697
截至年底商标有效注册量(件)	43186	55642	67201	84299	99290

（一）2018 年

自治区市场监督管理厅（知识产权局） 根据《国家知识产权局关于评选第二十届中国专利奖的通知》，认真组织企业申报专利奖项目，经严格筛选、审查，确认全部申报材料内容属实、完整且符合相关要求，并组织专家对28 项专利进行评审，最终确定"雾化喷嘴及固定床""一种多工作箱砂型 3D 打印设备"等 8 项优秀专利项目代表自治区参加第二十届中国专利奖评选。开展专利运营工作，修改完善《宁夏回族自治区专利技术实施运用补助资金管理办法》，支持自治区优势特色产业专利技术实施转化和专利运营试点企业发展，对 2018 年实施运用状况、市场发展前景较好的 10 个专利技术产业化项目给予补助。向国家知识产权局请示在吴忠市建设中国智能装备制造产业知识产权运营中心并获批，该运营中心聚焦西部地区智能仪器仪表行业，辐射智能装备制造产业，建成后将极大提升自治区知识产权运营服务能力，推动关键技术领域创新突破。为有效支撑吴忠市中国智能装备制造（仪器仪表）产业知识产权运营中心建设，邀请国家专利局机械发明审查部专家到吴忠市指导企业知识产权工作。支持绿色园区重点产业开展绿色专利统计分析，通过对绿色专利及评价方法的推广应用，促进产业低碳化发展，推进自治区节能技术改造和低碳技术转移转化。组织自治区企业参加 2018 年中国国际专利技术与产品交易会，学习国内外先进技术，寻找适合自治区重点产业发展的新技术、新产品。

（二）2019 年

国家知识产权局宁夏业务受理窗口 全年共受理专利申请、费减备案、质检、质押登记、许可合同备案等 7864 件，受理商标注册申请 15075 件；全区拥有有效注册商标达 55642 件。

自治区市场监督管理厅（知识产权局） 深入固原市、盐池县、同心县挖掘地理标志资源，指导地理标志申请、使用、管理、保护工作，对现有 11 件地理标志保护产品、80 家核准使用地理标志产品专用标志企业及 25 件地理标志商标进行梳理，建立管理台账；初审并报送"同心荞麦""同心银柴胡"申报国家地理标志产品保护，审核并报送 4 家企业申请使用地理标志产品专用标志；指导"香山压砂瓜""贺兰山东麓葡萄酒"两件地理标志产品申报修订更换地标名称及地域质量标准；贯彻落实《自治区关于促进服务业加快发展的意见》，按照《宁夏回族自治区服务业品牌化建设示范项目资金管理办法（暂行）》，联合自治区发展改革委、财政厅开展 2019 年度服务业品牌化建设示范项目征集工作，经各市局初审、自治区市场监督管理厅（知识产权局）复审，区内专家集中评审、实地查验等环节综合考评，确定了涉及餐饮服务、医疗服务、文化旅游等领域的 20 家企业入选 2019 年度服务业品牌化建设示范项目，拟拨付专项资金 1000 万元予以支持，通过品牌化建设示范项目的引领作用，加快自治区服务业品牌化建设的发展进程，持续推动自治区服务业提档升级。

自治区市场监督管理厅（知识产权局） 修改完善《宁夏回族自治区知识产权补助资金管理暂行办法》，引导政策资助向发明专利授权倾斜，对189家企业的587件授权发明专利和12件国外授权发明、16家国家级知识产权示范优势企业、50家贯标企业等补助1560.5万元，激励创新主体的自主创新意识，提升专利质量；调研摸底自治区企业专利分布、申请情况，深入企业挖掘、筛选高价值发明专利参与第二十一届中国专利奖评选，神华宁煤的"一种气化炉用煤的配煤方法"和宁夏瑞泰科技股份有限公司的"一种酸套用连续化硝化制备2，5-二氯硝基苯的方法"荣获中国专利优秀奖；通过知识产权试点示范工作推动知识产权强企建设，提升企业知识产权综合能力，对2017—2018年度30家自治区知识产权试点单位、16家自治区知识产权示范单位进行考核，42家企业通过验收；推荐区内9家企业申报2019年度国家知识产权示范、优势企业，完成对以往年度44家国家级企业的复核和年度考核；开展2019—2021年度自治区知识产权试点工作，培育30家自治区知识产权试点企业；考核验收第一批自治区专利运营试点企业，开展第二批自治区专利运营试点企业工作，培育10家自治区专利运营试点企业；推进《企业知识产权管理规范》贯标工作，178家企业通过企业知识产权管理体系认证；邀请2批共20名国家知识产权局专利审查员深入企业解决企业专利问题，培育企业专利专员54人，全区专利专员人数达到457人。在全区组织申报优秀专利产业化项目并予以资金扶持；调研固原市、同心县、盐池县的 7 个地理标志保护产品资源状况和运用情况，指导固原市知识产权局制定规划方案，积极争取国家知识产权局地理标志产品精准扶贫示范基地项目支持，"固原胡麻油""彭阳红梅杏"及"盐池滩羊"获得国家知识产权局 2019 年地理标志运用促进工程项目立项批准。按照国家知识产权局要求，对国家知识产权局分配自治区知识产权局的 38 家企事业单位和 4 个专利权人的共计 408 份专利调查数据进行了认真整理和分析，开展前期调查摸底工作，组织调查涉及的专利权人、企事业单位负责人开展专利调查问卷填写专题培训，签订 2019 年专利调查项目合同书，完成 2019 年专利调查中期检查报告和专利调查项目决算报告。2019 年全区专利调查专利权人问卷完成率达 102.38%，专利信息问卷完成率达 93.00%，在国家知识产权局推选的 24 个地方知识产权局中排第七。完成自治区 2019 年上半年万人发明专利拥有量增速预测、目标管理考核指标、银川市营商环境评价等数据填报工作，指导编辑印发《专利统计月报》5 期，报送自治区市、县（区）每万人有效发明专利完成率考核细则。

（三）2020 年

自治区市场监督管理厅（知识产权局） 整合优化宁夏专利商标窗口服务资源，实现专利商标业务"一窗通办"，着力推进"互联网＋知识产权服务"，全年专利电子申请率达到 99.14%，电子申请推广工作位居全国第八，办理专利商标申请及后续业务共计2.8万件，专利收费达973万元，全区有效注册商标达到6.9万件。为银川市出台专利资助政策提供数据支撑，协助宁夏广天夏电子科技有限公司办理11项发明专利加快审查。配合自治区纪委监委、法院部门查询相关企业专利信息情况，满足市场主体及社会公众便利化服务需求。进一步规范地理标志的使用与监管，"朝那鸡"和"彭阳红梅杏"地理标志保护产品专用标志使用企业实现"零突破"，新增4家地理标志专用标志使用企业。建立地理标志专用标志使用动态管理机制，开展地理标志专用标志使用企业清查行动，对68家企业换发了地理标志专用标志新标志，共对72家地理标志专用标志使用企业发放了新标志矢量图，地理标志保护产品专用标志使用企业换标率达到100%，"贺兰山东麓葡萄酒""宁夏大米"被列入中欧互保名录。完善《宁夏回族自治区知识产权补助资金管理暂行办法》，对306家企业单位补助资金1430万元，激发企业自主创新动力，培育自治区专利运营企业8家。开展宁夏葡萄产业专利导航项目，完成183家商标代理机构自查整改和信用承诺。

（四）2021年

国家知识产权局宁夏业务受理窗口 2021年，完成专利电子申请6634件、质检6320件、费减备案4912件、专利收费1110.5万元，受理商标申请注册、变更等3028件，提供窗口咨询12349人次，专利年收费首次突破1000万元。

自治区市场监督管理厅（知识产权局） 整合优化宁

夏专利商标窗口服务资源，实现专利商标业务"一窗通办"，准确把握创新主体知识产权公共服务需求，通过创新工作方法，充分发挥服务资源优势，努力打造"受理窗口""咨询窗口""传播窗口"；积极推广电子申请，电子申请率达到 99.5% 以上；开展专利、商标申请前置服务，在正式提交申请前提供相应的指导服务，并设立专利、商标电子申请体验区，便利自治区各类创新主体零距离参与到申请业务的办理过程中，提高专利、商标提交质量，加快申请流程办理速度，进一步提高专利、商标的申请效率，避免社会公共资源的浪费；采取"一次性告知制"，凡来办理业务、进行咨询的，或者来电咨询、查询的申请人，均由各岗位工作人员负责解答，并一次性告知需要提交的相关材料及手续，争取做到让群众"最多跑一趟"的承诺；启用专利收费电子票据，拓展专利申请优先审查、专利登记簿副本打印、出具批量法律状态证明、专利权质押登记全流程等新业务，持续为市场主体和服务机构提供便利化服务；在新冠肺炎疫情防控期间，为方便群众办事，不断优化业务工作流程，有效提升疫情期间的服务工作效率；自便民化服务以来，收费方式除刷卡、微信、支付宝外，又增加云闪付、银联 APP 扫码支付功能，使收费支付方式更加多样化。申请地理标志农产品保护工程资金 1748 万元，市县配套 1140 万元，推动 12 个地理标志农产品保护工程项目建设，推进"宁夏枸杞"地理标志证明商标获准注册，"盐池滩羊"获批 2021 年国家地理标志产品保护示范区筹建，为自治区枸杞产业和滩羊产业的发展提供了有力支撑，被自治区党委、政府、政协主要领导和其他省级领导给予肯定性批示。规范地理标志使用、管理与保护，联合制定印发《宁夏贺兰山东麓葡萄酒地理标志专用标志使用管理办法》，指导修订《"盐池滩羊"（第29类）地理标志证明商标使用管理办法》，起草《宁夏回族自治区重点商标保护名录管理办法（试行）》，建立以服务业品牌、驰名商标、地理标志等为重点的商标保护名录，将享有较高知名度、具有较大市场影响力、容易被侵权假冒的注册商标列入重点商标保护名录进行重点保护，初审报送"盐池甘草""同心荞麦"地理标志产品保护申请，自治区地理标志专用标志使用企业达到191家，助力重点产业发展和乡村振兴。指导"宁夏菜心""盐池滩羊""银川鲤鱼"等地理标志保护工程农产品开展全产业链标准化创建。围绕"盐池滩羊""吴忠牛乳""中宁枸杞""盐池黄花菜""宁夏菜心"5个地理标志农产品，构建以单一品种为主线的高质量发展标准体系，强化标准的集成转化和推广应用，开展特色品质指标体系研究和应用，推动优势特色产业提质增效、提档升级。成功举办"2021年地标农品中国行首站（宁夏）活动"，有力促进了自治区地标农产品标准化生产和品牌化建设。同年，经国家知识产权局和世界知识产权组织共同评估认定，自治区知识产权服务中心和银川市生产力促进中心获批第四批在华技术与创新支持中心（TISC），为全区各类创新主体提供公益性信息检索和培训服务。两家中心分别与厦门大学签署 TISC 战略合作协议，共同建设东西部 TISC 单位合作示范品牌，围绕自治区重点产业开展专利导航服务，支持 10 家企业完成 10 个专利导航专项。

自治区市场监督管理厅（知识产权局） 持续完善知识产权运用促进政策体系，突出高质量发展导向，重点加大对转化运用、金融支撑、公共服务等关键环节的支持，全面加强部门协同效能，推动横向协作机制建立，会同自治区财政厅印发《自治区专利转化专项计划实施方案》，与自治区财政厅、党委宣传部联合印发《自治区知识产权专项经费管理办法》，联合自治区发改委、银保监局启动《自治区知识产权质押融资入园惠企行动实施方案》制定工作。联合宁夏银保监局开展自治区专利保险推进工作磋商，印发《专利保险推进工作实施方案》，深化专利保险险种开发，积极推进与中国银行、人保财险、宁东担保集团等金融服务机构战略合作会商，与中国银行签订知识产权质押融资战略合作协议，宁夏倬昱新材料科技有限公司购买首份专利被侵权损失保险，自治区知识产权保险实现零突破。印发《关于深化知识产权领域"放管服"改革优化创新环境和营商环境的实施意见》，进一步释放自治区知识产权"放管服"改革红利，通过一系列政策措施准备，为自治区知识产权由数量型向高质量发展转变打下基础。推荐区内高质量发明专利参与第二十三届中国专利奖评选。积极开展知识产权补助专项绩效评价，认真检视资金使用效率，发现弥补不足，全年完成知识产权专项补助 862.1 万元，惠及全区 300 余家企业，有效激励了企业创造活力。组织开展自治区知识产权公共服务能力提升工程，积极构建知识产权公共服务体系，进一步提升知识产权公共服务的可及性和便利化程度。引导高校、科研院所等社会服务机构参与知识产权公共服务，联合自治区教育厅指导宁夏大学申报国家高校知识产权信息服务中心。运用专利导航支撑产业发展，推动专利信息服务企业技术创新，支持共享集团、吴忠仪表、天通银厦新材料等 10 家企业完成《大型铸钢件焊补机器人专利技术信息分析报告》《大尺寸蓝宝石相关专利分析报告》《高端阀门专利技术信息分析报告》等 10 个专利导航专项，为企业技术研发提供智力支持，共享智能铸造产业创新中心有限公司入选首批国家知识产权信息公共服务网点备案机构。开展专利导航基地培育，首批向国家知识产权局备案 2 家专利导航服务基地，"银川市经济技术开发区建设国家知识产权试点园区"项目入选国家知识产权局首批"知识产权信息赋能中小企业创新发展十大案例"。指导宁夏合天律师事务所发起实施"贺兰山东麓葡萄酒产区知识产权法治服务专项活动"。严格执行《自治区专利申请优先审查办事指南》，提升银川专利代办窗口公共服务能力，全力争取国家专利优先审查资源倾斜政策，为自治区重点发展产业领域的 65 件发明专利提供优先审查绿色通道。全面深化自治区知识产权运营服务体系建设，促进创新成果更多惠及中小企业，加速实施自治区专利转化专项行动，积极完善配套措施，鼓励支持区内外高校、科研院所、国有企业向区内企业特别是中小微企业转化适用技术。截至 2021 年 10 月底，全区专利许可登记 1 件，转让登记 990 余件，专利转移转化活动日趋活跃。提升企业知识产权创造、运用综合能力，开展 2020—2021 年度知识产权试点企事业单位考核验收及 2022—2023 年度自治区知识产权试点企业申报。强化知识产权金融支撑，优化知识产权质押融资风险补偿与分担机制，开展知识产权质押融资入园惠企行动，对银川市、石嘴山市、吴忠市以及宁东能源化工基地等部分园区开展企业知识产权质押融资情况开展调研，帮助创新型中小微企业解决融资难题，全区前三季度实现知识产权质押融资 6.79 亿元，创历史新高，有效缓解了中小微企业融资难问题。持续加大国家地理标志运用促进工程督导，印发《自治区地理标志运营试点企业工作方案》，启动自治区地理标志运营试点企业工作，经专家评审、实地考察，培育首批地理标志运营试点企业 20 家。完成"盐池滩羊""盐池甘草""盐池黄花菜""中宁枸杞"等地理标志运用情况调研，为积极争取国家知识产权局地理标志运营促进工程专项支持提供一手数据。印发《宁夏商标品牌指导站建设实施方案》，开展自治区商标品牌指导站建设项目申报工作，首批推动 10 个站点建设。加强品牌创建和宣传，组织参加中国自主品牌博览会等展会，推介自治区一批叫得响、品质优、经济带动作用明显的地理标志产品实现产销对接。

（五）2022 年

国家知识产权局宁夏业务窗口　共受理专利电子申请7318 件，办理质检、费减备案 12550 件，专利权质押登记 28 件，累计金额 5.54 亿元；专利收费 1273.72 万元。受理商标业务 3819 件，商标收费达到 49.3173 万元。成功创建国家知识产权局"青年文明号"，严格执行国家知识产权局相关管理规定及各项工作规程，进一步完善内部管理制度，加强专利电子申请推广工作，拓展注册商标专用权质权登记等试点业务，协助办理"太西煤"地理标志证明商标注册人变更事宜，不断提升知识产权业务办理便利化水平。

自治区市场监督管理厅（知识产权局）　在石嘴山市、吴忠市、中卫市、固原市及宁东能源化工基地政务服务大厅设立专利、商标业务咨询服务点，打通知识产权服务"最后一公里"；指导银川市人民政府获批筹建"贺兰山东麓葡萄酒国家地理标志产品保护示范区"，对进一步提升贺兰山东麓葡萄酒品牌价值、扩大市场影响力具有重要推动作用。

自治区市场监督管理厅（知识产权局）　首次出台知识产权促进创新驱动发展一揽子政策措施，贯彻落实创新驱动发展战略，聚焦自治区"六新六特六优"产业发展，出台《知识产权促进创新驱动发展十四条措施》，为助推地方经济社会高质量发展提供"真金白银"政策红利。专项资金保障支持力度显著加大，自治区市场监督管理厅主要领导协调自治区财政加大投入，知识产权支持资金由2021年的800多万元大幅增加到1200万元，为知识产权运用促进工作提供坚实支撑。知识产权创新创造量质齐升，全区4项发明专利获得第二十三届中国专利优秀奖，累计获得金奖、银奖等中国专利奖35项，高质量创造实现快增长。知识产权优势示范企业培育成效显著，天通银厦新材料有限公司等7家企业入选国家知识产权优势企业、示范企业，新确定自治区级培优试点企业35家，全区各级各类知识产权示范、优势、试点企业累计达200家，形成了国家知识产权示范企业引领、自治区级知识产权强企支撑、优势企业补充的梯次培育良性循环工作局面。聚焦创新主体培育，试点示范迈出新步伐，知识产权强国试点市县园区建设取得可喜成果，制定实施《关于加强国家知识产权强国建设试点示范城市、县域、园区工作的实施方案》，新建1个国家知识产权试点城市（银川市）、2个试点强县（平罗县、青铜峡市）和1个试点园区（中宁工业园区），目前共有11个知识产权示范城市、县域、园区和企业被确定为国家级试点，区域知识产权工作高地建设实现新突破。知识产权领域"放管服"改革深度推进，推动落实《自治区知识产权局公共服务事项清单（第一版）》，持续优化创新和营商环境，国家知识产权局指定自治区市场监督管理厅(知识产权局)在全国知识产权公共服务工作会上作"放管服"改革经验交流发言，是近年来宁夏首次在全国知识产权会议上发声，有力扩大了宁夏"放管服"改革社会影响力。"打造一站式知识产权金融服务"做法被自治区政府列入 2022 年自治区优化营商环境第二批典型经验清单。知识产权金融服务供给持续发力，制定实施《知识产权质押融资入园惠企行动方案》，办理专利质押项目 27 件，知识产权质押融资 5.53 亿元，累计办理质押登记业务 311 笔，"小省区、大杠杆"撬动知识产权质押融资累计达 21 亿元，有效缓解了企业"融资难、融资贵、融资渠道不畅"问题。国家地理标志运用促进成效明显，择优认定 10 家优秀地理标志运营试点企业，专项支持 200 万元，"盐池滩羊"地理标志运用促进工程项目被国家知识产权局通报为优秀，宁夏"地理标志信息公共服务助力贺兰山东麓葡萄酒打造金字招牌""专利信息利用助推铸造 3D 打印产业创新发展"2个案例被国家知识产权局评为"2022 年度知识产权信息服务优秀案例"，国家知识产权局局长申长雨在全国知识产权局长会议上点名表扬宁夏地理标志运用促进工作。大力推进地理标志助力乡村振兴行动，《固原胡麻油助力精准扶贫的高效产业》等 2 篇案例入选《地理标志助力乡村振兴典型案例汇编》。商标品牌公共服务建设开局良好，制定实施《宁夏商标品牌指导站考核验收规范》《自治区知识产权品牌代理机构认定办法（试行）》，择优认定首批 5 家宁夏商标品牌指导站，每家支持 20 万元打造示范样板。创新开展全区知识产权品牌服务机构评选，择优认定 2 家自治区品牌代理机构，4 个案例入选国家知识产权局商标品牌建设优秀案例。自治区政协主席崔波对自治区市场监督管理厅（知识产权局）指导服务宁夏厚生记食品有限公司申请"杞视力"枸杞饮料包装外观设计专利作出肯定批示。《聚力商标品牌建设　助推特色产业高质量发展》等2篇文章在《市场监督管理》《中国知识产权报》刊登。聚焦破解瓶颈难题，转化运用取得新成果，支持吴忠仪表、中科嘉业等10家重点骨干企业完成全金属双向零泄漏蝶阀、光伏电站智能管理等专利导航立项10个。安排110万元专项资金推动实施"宁夏现代枸杞产业及其重点产区""东数西算枢纽建设产业规划"等专利导航项目，国家能源集团宁夏煤业有限责任公司、共享装备股份有限公司等企业6项涉及应用基础研究专利突破"卡脖子"技术难题。

表3　宁夏商标受理窗口2019—2022年商标受理情况

年份（年）	注册（件）	变更（件）	续展（件）	转让（件）	其他业务	受理总计
2019	812	267	69	75	14	1237
2020	1532	881	89	148	19	2669
2021	1874	694	220	222	27	3037
2022	1537	1881	112	208	81	3819

表4　2018—2022年银川代办处各项专利业务完成情况

年度（年）	2018	2019	2020	2021—2022	总计
通知书	2402	3308	225	56	3589
证书	0	0	615	2838	3453
向外	82	107	88	301	496

续表

年度（年）	2018	2019	2020	2021—2022	总计
质检	3553	3579	3261	13406	20246
费减备案	1976	2239	1737	10376	16328
登记簿副本	78	82	64	410	634
许可合同备案	4	3	1	2	10
质押注销	4	4	1	11	20
质押登记	5	6	3	35	49
收费金额（元）	7727390	7802987.5	6128165	23842548.5	45501091
收费笔数	15772	17320	14061	65909	113062
咨询	0	0	4616	16694	21310
总计	3600	3627	3338	13952	20917

二、知识产权行政执法

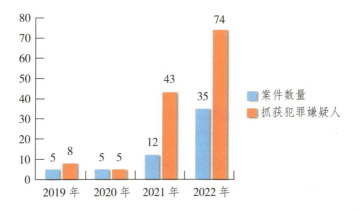

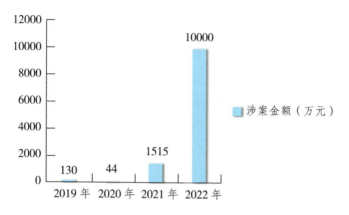

图1　2018—2022 年全区公安机关破获各类假冒伪劣案件、
抓获犯罪嫌疑人及涉案金额

（一）2018 年

全区全年共办理专利纠纷案件 88 件，查处假冒专利案件 31 件，处理电子商务领域侵权投诉案件 199 件、涉案链接 507 个。

自治区市场监督管理厅（知识产权局）　进一步强化市级专利行政执法力量建设，改善行政执法条件，提高依法行政水平和能力，指导各市局建立健全专利行政执法工作责任制度，将执法办案工作列入重要议事日程，明确其主要领导和有关人员履行执法工作责任。制定出台《2018年自治区知识产权执法维权"护航""雷霆"专项行动方案》，要求各市及时制定执法维权专项行动方案，结合当地实际及重点领域、重点行业开展专利执法活动，并赴银川市、固原市、吴忠市、石嘴山市进行执法督查工作，检查各市局对方案的落实情况。积极开展知识产权执法维权专项整治行动，做好专利纠纷调处及假冒专利案件查处工作；加强对互联网领域侵权假冒的治理，做好线上专利行政执法案件查处工作。有序开展 2018 年度专利行政执法证件年检工作，向全区 30 名持有专利行政执法证件的执法人员发放 2018 年执法证件年检合格标识。

（二）2019 年

全区全年共办理各类知识产权侵权假冒案件 186 件，其中商标侵权案件收缴罚没款达 119.29 万元。全区各级检察机关共受理侵犯知识产权审理逮捕 25 件 40 人，审查起诉 14 件 26 人。全区审判机关共受理侵权假冒犯罪案件 29 件，审结 16 件，判处刑罚 43 人。

自治区市场监督管理厅（知识产权局） 制定实施《自治区 2019 年知识产权执法保护专项行动方案》，明确全区知识产权执法工作重点，开展知识产权执法保护专项行动，组织开展地理标志使用专项整治、农村假冒伪劣食品专项整治等工作。在第十一届中国国际商标品牌节期间，采取展前审查、展中巡查、现场设站等措施，对参展的 748 家品牌企业逐一进行执法检查，快速处理知识产权侵权违法行为。推进"双随机、一公开"监管工作，开展对专利真实性、商标使用行为等的"双随机、一公开"监督检查，对抽查发现的问题线索及时查办。积极开展电子商务领域专利执法维权专项行动，接受中国电子商务专利执法维权协作调度（浙江）中心委托，办理电子商务领域专利侵权判定咨询 152 件、涉案链接 403 个。完善网络市场网上监测机制，持续开展网站亮照亮标和经济户口建档工作，规范网络经营主体资格，加强日常监管。自治区市场监督管理厅（知识产权局）等 8 部门联合印发《全区 2019 网络市场监管专项行动方案》，联合开展 2019 年"网剑"行动，检查网站、网店 2675 个，关闭网站 1 个，责令停止服务网店 2 个，立案查处 7 件，罚款 6.42 万元，删除违法商品信息 7 条，责令整改网站 8 个，受理涉网投诉举报 146 件，涉及金额 4.87 万元。

自治区党委宣传部　与网信、公安、通信管理等部门通力协作，以查办案件为抓手，加强网络侵权盗版治理，查处假冒石嘴山市政务网站、境外假冒自治区人力资源和社会保障厅网站等假冒网站 6 个，查处非法转载新闻网站作品行为 6 起，关闭网站 5 个，查处关闭侵权盗版个人备案网站"酷如库 www.siluke.la"，发现网络传播侵犯宁夏原创歌曲《走咧走咧去宁夏》著作权行为，并协调山西省版权局和朔州市委宣传部对侵权人进行行政约谈。深化推进软件正版化，突出以"三查一推进"为抓手，完善自治区级各单位软件正版化工作责任人数据库，2019 年全区党政机关新采购正版操作系统 2327 套、正版办公软件 10167 套（其中国产办公软件 10038 套）、国产杀毒软件 270 套，采购金额达 992.8 万元，并建立健全软件使用、管理、考核、责任追究和软件资产登记台账等制度。组织开展 2019 年印刷复制暨内部资料性出版物"双随机、一公开"抽查，抽查出版物印刷企业 25 家、发行（批发）单位 68 家，对 3 家违法违规印刷企业进行了行政处罚。同时，加大对重点时段督查力度，加大重要时间节点对重点单位、重点部位和地摊、游商的检查力度，严厉打击各类非法出版物及网络有害信息，检查印刷企业、打字复印单位、出版物经营单位 451 家，收缴非法和侵权盗版出版物 6067 册（盘），删除网络有害信息 2400 余条，有效地维护了出版物市场和网络文化秩序。

自治区农业农村厅 联合市场监管、公安、商务等部门加强农资专项打假，以打击制售假冒种子、肥料、农药、饲料、兽药、农机具等假冒伪劣农资整治为重点，出动执法人员 14925 人次，检查企业 13548 个次，整顿市场 3533 个次，共抽查农资产品 374 批次，受理举报案件 90 起，印发资料 8605.87 万份，查处案件 22 起，罚款 102 万元，查获假劣兽药 13 公斤、违法种子 278 公斤、假劣农药 630 公斤，维护了农民群众的合法权益，净化了农资市场。

自治区邮政管理局 在寄递企业中推行实名收寄、开箱验视和过机安检 3 项制度，对与企业签订协议的客户实行抽检，对零散客户进行网上监管系统实名登记，对暂不具备条件的企业实行手工登记，系统实名登记率已经达到 95% 以上，有效将侵犯知识产权和假冒伪劣的商品堵在寄递渠道之外。

自治区文化旅游厅 加强文化市场经营单位"一户一档"建设，健全经营单位信息数据库，以娱乐场所、旅游市场为重点规范全区文化市场秩序，确保打击侵权假冒工作取得新成效。

自治区博览局 利用商事法律平台全年发布经贸预警信息417条，提升了企业的知识产权侵权防控能力，降低了"走出去"企业的知识产权侵权风险，并通过对办证企业有关知识产权侵权假冒事件的宣传，提高企业对知识产权侵权假冒事件发生的防控能力。

自治区林草局 在全区开展打击侵犯知识产权和制售假冒伪劣种苗工作，对全区24个市县（区）及部门的47家单位、106个种批和苗批进行抽查，开展以"宁夏枸杞""文冠果"新品种知识产权为重点的林业植物新品种执法保护专项行动，有力保护了宁夏枸杞及相关产业的健康发展。根据"2019年全区林木种苗行政执法和质量抽查工作方案"，抽检21个种批的种子质量合格率为66.7%，抽检85个苗批的苗木质量合格率为91.8%。

（三）2020年

全区全年共办理各类知识产权侵权假冒案件205件，其中商标侵权案件189件，收缴罚没款达253万元；办理专利侵权纠纷行政裁决12件。

自治区市场监督管理厅（知识产权局） 继续加大知识产权保护力度，加大对各市专利侵权纠纷行政裁决案件的指导力度，积极办理电子商务领域专利侵权纠纷案件，加强知识产权维权援助。开展知识产权保护专项行动，对自治区内涉嫌恶意申请注册"火神山"商标相关事项进行调查核实并查办；实施"主席"商标有关情况调查，提请国家知识产权局宣告宁夏一公司持有的"主席"第30类及第33类2个注册商标无效。围绕宁夏优势特色产业开展知识产权专项保护行动，组织实施"大武口凉皮"注册商标专用权专项保护行动、"彭阳红梅杏"地理标志保护产品专项保护行动，持续加强查处商标违法案件，加强驰名商标保护。持续进行"双随机、一公开"监管，对专利真实性、商标使用行为等事项进行监督检查，共派发监管任务800余条。加强网络商品交易监督，监测网络交易16.27万次，核查处理涉嫌违法交易信息条数359条。开展"剑网""秋风"行动，对全区印刷、音像、文化等相关线上和线下经营主体开展"双随机、一公开"抽查8次，覆盖地区达51%，没收相关音视频接收播放器材385套，处置黑名单音乐、网页游戏1000余条，立案查处3起。自治区市场监督管理厅（知识产权局）、公安厅等8部门聚焦疫情防控，维护防疫物资质量安全和市场稳定，围绕口罩、防护服、额温枪等重点防疫物资质量和市场价格联合开展专项整治，检查食品药品、医疗器械以及防护用品等各类市场主体59.48万户（次），查办案件438起，查扣问题口罩17.9万只、其他防护用品350件，罚没款385万元。自治区药品监督管理局抽检疫情防控所需药品7个品种、8个批次，监督医用口罩15批次，查办涉疫情药械违法案件15起，罚没款80.6万元，查扣假冒医用口罩12万只、防护服等用品410件，移交公安机关追究刑事责任案件1起。司法机关公诉审判销售假冒侵权防疫物资案件 4 起，追究刑事责任 5 人。

自治区打击侵犯知识产权和制售假冒伪劣商品工作领导小组办公室 印发《全区农村市场经营秩序专项整治方案》，针对农村市场存在的突出问题，明确了工作目标和 10 部门的重点任务。农业农村部门围绕种子、农药、肥料、兽药、饲料及添加剂等重点农资产品开展巡查，检查经营门店、企业 4806 个，抽检农资产品 3078 个次，合格率达 100%。市场监管部门针对农村消费品市场假冒、劣质、虚假宣传和违法广告等开展专项治理，完成质量抽检 10.9 万次，合格率达 98.86%，并向社会予以公示；查办相关案件 1926 起，罚没款 1645 万元。林草部门在全区 14 个市县（区）开展林木种苗质量抽查，抽查 79 个批次。

自治区药品监督管理局 组织开展药品"四个最严"专项行动，在全区 5 市、15 个县区、34 个乡镇抽检"两品一械"、中药饮片、化妆品等 2858 批次，联合自治区卫生健康委员会开展医疗器械"清网"行动，查处案件 531 件，罚没款 715 万元。

自治党委宣传部 聚焦网络市场，加强网络侵权行为治理，对 14 个交易平台、133 个交易类网站、1826 个网站及 30 个 10 万粉丝头部抖音账号建立管理台账，清理 4 家直播带货侵权账号，处罚 3 家非法网络售药行为，罚款 340 万元。自治区党委网信办升级宁夏互联网信息监测平台，实行 7×24 小时网上巡查，向市场监管、公安等部门转交线索 74 条。自治区工业和信息化厅通信管理局对网络直播带货的相关网站、自媒体 IP 开展定期清查，注销问题备案主体 1190 家，清理问题网站 7285 个，清理诈骗诱骗等恶意 APP 200 款、应用软件 600 款。召开自治区软件正版化联席会，印发《2020 年软件正版化工作实施方案》，实现"三查一推进"工作机制常态化，健全全区党政机关采购管理制度，配置检查工具软件，对党政机关和国有企业开展抽查，检查计算机 609 台，党政机关和重点国有企业正版化率达到 100%。稳步推进金融系统软件正版化工作，对 3 家区属银行进行抽查，正版化率达 90%。

自治区公安厅 设立打击食药环犯罪和知识产权保护支队，负责食品、药品、生态环境保护等领域的违法犯罪行为，设立 15 家知识产权保护工作站，受理查办涉知识产权刑事案件 11 起，抓获犯罪分子 13 人，加大知识产权违法犯罪打击力度。

（四）2021 年

全区全年共查处各类知识产权侵权假冒案件 232 件，其中，专利纠纷行政裁决案 42 件，专利假冒案 3 件，商标侵权案 187 件，收缴罚没款 270 万元；向国家知识产权局推荐 4 件知识产权行政执法指导案例。

自治区市场监督管理厅（知识产权局） 组织开展元旦春节期间"盐池滩羊"地理标志证明商标专用权保护专项整治行动，对 10 户擅自使用"盐池滩羊"文字销售羊肉行为的商户当场责令改正，对 2 户擅自使用"盐池滩羊"

作为店名的商户当场责令更换拆除门头，没收销毁擅自印有"盐池滩羊"字样的包装盒 378 个、宣传单 200 余份，立案查处 2 起，罚款 6000 元。组织开展"中宁枸杞"地理标志证明商标注册商标专用权保护行动，整改门头 21 家，指导规范枸杞经营户 27 家，查办枸杞违法违规案件 20 件，扣押、收缴各种违法违规枸杞包装物 6 万余只（箱、袋、盒），查扣问题枸杞 86 箱（袋）1640 公斤，收缴罚没款 26.9 万元，为消费者挽回经济损失 30 余万元。先后开展打击商标恶意抢注行为、北京 2022 年冬奥会和冬残奥会奥林匹克标志专项知识产权保护行动、第五届中阿博览会等展会知识产权保护工作，有力打击知识产权违法行为。将商标代理机构和商标使用行为纳入"双随机、一公开"抽查，共检查商标代理机构 61 家、咨询服务公司 6 家、律师事务所 30 家，摸排走访企业、烟酒专卖行、大型商场等各类具有注册商标的市场主体 1132 家，不断规范商标注册和商标代理行为，2 起侵犯注册商标专用权案件的侵权人被列入严重违法失信名单。指导 5 市办理 5 件专利、商标、地理标志等知识产权行政执法案件，包括：指导银川市知识产权局查处"宁夏宁企信知识产权咨询有限公司涉嫌违法代理申请注册商标"案（自治区首例查处的违法代理商标注册申请案件）；指导吴忠市知识产权局办理"宁夏黑金科技有限公司申请注册商标涉嫌重大不良影响"恶意抢注"拜登"商标案件；指导永宁县知识产权局立案查处"宁夏鑫昌广源装饰工程有限公司涉嫌商标恶意注册案件"；指导固原市知识产权局办理"四川小龙坎诉聚龙坎火锅店商标"侵权投诉；指导固原市知识产权局办理"原州区盘龙坎火锅店是否构商标侵权行为"案件。向国家知识产权局报送1起涉嫌商标恶意抢注线索。印发《宁夏回族自治区知识产权专家库管理办法（试行）》，征集96名知识产权领域专家入选，制定《关于技术调查官参与专利侵权纠纷行政裁决办案规定》，组织技术调查官出具专利侵权纠纷咨询意见书供合议组参考。组织开展印刷发行整治，围绕庆祝中国共产党成立100周年，以执行各种重大主题出版物印制发行任务为重点，组织开展印刷复制发行暨内部资料性出版物"双随机、一公开"抽查，确保印刷复制发行阵地安全，先后对吴忠市、固原市、中卫市共7家印刷企业、9家出版物发行单位进行执法检查，对出版物发行单位是否存在未经许可擅自从事出版物经营活动、销售非法出版物和违禁出版物，以及销售盗版出版物等违法违规行为进行抽查处置。"4·26世界知识产权日"期间，组织开展全区集中销毁侵权假冒伪劣商品活动，涉及食品、药品、日用消费品、烟草、化妆品、医疗器械6大类百余品种，货值554.3967万元。2021年11月18日，与全国同步开展农村假冒伪劣食品专项执法行动罚没物品集中统一销毁活动，销毁罚没物品共计49.0437吨。

自治区打击侵犯知识产权和制售假冒伪劣商品工作领导小组办公室　聚焦互联网领域，加强网络侵权行为治理，组织开展"剑网2021""秋风2021"专项行动，联合自治区党委宣传部、公安厅等多部门印发《宁夏2021网络市场监管专项行动方案》。

自治区党委网信办　联合多部门开展不良账号及信息清理专项治理，关停3个侵权仿冒抖音短视频账号，约谈违规网站账号负责人50余次，清理违法不良信息10万余条，对22家经营单位《网络文化经营许可证》过期、6家互联网文化经营单位域名登录跳转行为进行处置。查处侵权盗版案件3起，集中销毁价值62万元的侵权盗版及非法出版物34659册。处置仿冒侵权网站4家、无资质新闻网站1家、违规游戏网站3家、涉诈网站55家。各基础电信企业和互联网企业围绕网络文学、新闻作品、体育赛事、短视频等重点领域，对各自接入的800余个网站进行排查，未发现侵权盗版现象。加大对侵权假冒案件多发的实体批发市场、专业市场、集贸市场的监管，合同26个部门印发《自治区"开展放心消费在宁夏"创建活动实施方案》，梳理区内236家农贸和59家重点商品交易市场，建立重点关注商品市场名录，通过12315平台等共接收处理广大消费者诉求13.08万件，处置办结13.01万件，办结率达99.4%，为消费者挽回经济损失3237.89万元。

全区市场监管部门　持续开展农村假冒伪劣商品专项执法行动，累计查处案件827件，罚款430.80万元，没收违法所得4.94万元，查扣违法食品7.82吨，移交公安机关立案1件，检察机关在"保障农村食品安全"公益诉讼专项监督检查中立案138件；开展打击制售侵权假冒产品活动，开展全区电商领域销售产品质量专项抽查，围绕电气、劳保、家具等8类产品共抽检60批次。市场监管、公安、农业农村等部门联合开展"三无产品"、强制性认证产品和假冒农资等排查整治，挤压侵权假冒违法犯罪空间，将核查"三无"产品、生产许可类产品未经许可、强制认证类产品未经认证等违法行为作为前置环节，全年共抽检日化、服装鞋帽、小家电、电子产品等共计853批次。

自治区农业农村部门 深入开展全区农资打假专项治理行动，重点围绕种子、农药、肥料、兽药、饲料和饲料添加剂等农资开展隐患排查，抽检农药、化肥、种子、兽药、饲料、农机等样品1006个，对不合格产品予以处罚，库存全部下架。

银川海关 组织开展进出口环节"龙腾行动"，加强对跨境电商、货运渠道出口商品风险分析研判，实施动态追踪，并与深圳海关进行执法协作，与兰州、西宁区域开展合作研讨，当年全区进出口环节未发生知识产权侵权案件。

自治区邮政管理局 组织开展寄递环节知识产权保护"蓝网行动"，在寄递行业中着力推行实名收寄、过机安检、开箱验视3项制度，实名登记率98%以上。

自治区药品监督管理局 严厉打击制售假劣药品、未经注册（未经备案）医疗器械以及生产销售假冒化妆品和化妆品非法添加违法犯罪行为，检查"两品一械"生产经营企业和使用单位15850家次，下达责令改正通知书1720

余份，完成抽检任务 2368 批次，向社会发布质量抽检公告 6 期，核查处置各类不合格产品 24 批次。持续开展中药饮片专项整治，检查中药饮片生产企业 23 家次、经营企业 3448 家次、使用单位 2348 家次，覆盖率 100%；完成抽样 1164 批次，已检验 896 批次，抽样完成率为 100%，其中合格 867 批次，合格率为 96.76%。对 317 家企业采取告诫、约谈、限期整改等措施，对 3 家企业采取暂停经营活动风险控制措施，立案 61 起，罚没款 121.93 万元，移送公安机关案件 1 件。

自治党委宣传部 继续推进软件正版化工作，召开自治区软件正版化联席会，审议通过《2021 年宁夏推进使用正版软件工作安排》，落实职责分工，强化督导检查，实现"三查一推进"工作机制常态化。各级党政机关加大财政投入，将软件统一纳入国有资产管理，全面签订《使用正版软件承诺书》，组织区属 15 家国有企业参加国家版权局的软件正版化培训，举办区内正版软件检查工具安装使用培训班，邀请工信厅工程师现场指导，对 29 个党政机关和 15 家国有企业开展督查抽查，检查计算机 6128 台，操作系统软件、办公软件和杀毒软件正版率均为 100%，正版率位居全国前列。宁夏国有资产投资控股集团公司荣获"全国版权示范单位（软件正版化）"。

自治区林草部门 持续加大植物新品种权保护力度，下达种子市场监管和植物新品种权案件查处资金 130 万元，加强种子生产经营许可、备案及种畜禽生产经营许可信息管理，抽查种苗 11 个树（品）种、46 个苗批，合格率达 85%，未发现种苗商标和植物新品种侵权假冒行为，主要农作物种子质量抽查合格率达到 98.8%，查处种子案件 34 起，查处违法种子 1.6 万公斤，罚款 54.9 万元，挽回经济损失 159.3 万元。

（五）2022 年

共查处各类知识产权侵权假冒案件 143 件，罚没款 355.9 万元。

自治区市场监督管理厅（知识产权局） 开展北京 2022 年冬奥会和冬残奥会奥林匹克标志知识产权保护专项行动，银川市市场监督管理局兴庆区分局查处的"侵犯'Olympic'奥林匹克标志专用权案"入选"2021 年地理标志、奥林匹克标志行政保护典型案例"参评案例；银川市知识产权局查处的"宁夏石丰元科技有限公司外观设计外包装盒（无烟煤）专利侵权纠纷案"入选"2021 年全国知识产权十大专利典型案例"。加大商标侵权行政保护指导，组织实施 2022 年度打击商标恶意注册行为专项行动。地理标志监管保护不断加强，组织开展涉"枸杞"地理标志知识产权线上线下一体专项保护行动，收缴各种违法违规枸杞包装物 8.6 万余只（箱、袋、盒），查扣不符合质量标准枸杞 1640 公斤，查办违法案件 45 件，收缴罚没款 41.9 万元，有力净化了枸杞市场消费环境。在全区范围内集中开展"彭阳红梅杏"地理标志保护专项行动，各级市场监管部门共出动 946 人次，检查商超 25 家次、集（农）贸市场 36 家次、水果食杂店及流动摊点 750 余家。开展重点产品治理，紧盯关系民生的重点产品、重点领域，深入开展"铁拳"行动，加大执法打击力度，查办案件 2580 件，罚没 3607 万元，吊销许可证 2 家，向公安机关移送案件 7 起；公布典型案例 6 批 45 起，其中 3 起入选全国典型案例。开展 10 类重点工业产品、农资产品、塑料污染治理、儿童和学生用品 4 个专项行动，发现问题 198 个，查处案件 78 起，罚没款 72 万余元。开展"守底线、查隐患、保安全"专项行动，排查整治食品安全风险隐患 7617 个，查办案件 960 起，罚没款 821 万元。加强对老字号企业、科技密集型企业等市场主体的商业秘密保护，指导企业建立商业秘密保护制度。自治区市场监督管理厅（知识产权局）荣获"2021 年度全国知识产权系统和公安机关知识产权保护工作成绩突出集体"荣誉称号，并被国家知识产权局、国家市场监督管理总局和北京 2022 年冬奥会和冬残奥会组织委员会授予"北京 2022 年冬奥会和冬残奥会奥林匹克标志知识产权保护突出贡献集体"荣誉称号。

自治区党委宣传部 牵头强化互联网领域治理，开展打击网络侵权盗版"剑网 2022"专项行动，聚力整治群众反映强烈的互联网侵权盗版问题，共检查经营单位 114 家次，查处侵权盗版案件 15 起，罚没款 8.07 万元，集中销毁侵权盗版及非法出版物 1.63 万册，货值 30 万元。组织开展"秋风 2022"、青少年版权保护季、院线电影版权保护等专项行动，加大侵权盗版打击力度，收缴非法图书 3340

册，罚款 3 万元，抽查全区院线影院 53 家次，查处石嘴山平罗县"5·16"侵犯著作权案等 4 起案件。结合"扫黄打非"电商平台专项整治行动，开展属地网络书店售书情况巡查工作。强化反垄断反不正当竞争监管执法，积极配合国家市场监督管理总局调查中国知网涉嫌滥用市场支配地位垄断案件，加大水电气暖公用事业、保险、行业协会等线索摸排力度，立案 6 起，罚没 116 万元，对阻碍反垄断调查的个人首次开出 5 万元的行政处罚罚单。开展滥用行政权力排除限制竞争执法专项行动，查办教育、医疗卫生、公用事业、保险等重点领域行政垄断案件 4 起，查处的贺兰县住建局、银川市教育局等滥用行政权力限定交易对象案，入选国家市场监督管理总局 2022 年专项整治典型案件。开展反不正当竞争专项执法行动，查办房地产、医药服务、公考培训等领域假宣传、混淆、违规促销等不正当竞争案件 42 起，罚没 393.77 万元，案件数同比增长 56%。持续加大软件正版化工作力度，召开推进使用正版软件工作联席会议召开第七次全体会议，采取联合督查、随机抽查、专项检查等方式，加大检查通报和曝光力度，检查 5 市 50 个政府机关单位、25 个市属国有企业的 2503 台计算机，对 11 个县（区）党政机关使用正版软件情况进行检查，全区 2 家单位荣获"2021 年度全国版权示范单位"、1 家荣获"2021 年度全国版权示范单位（软件正版化）"。全区举办党政机关软件正版化培训 10 次，参培单位 195 个，参训人员 893 人，全区党政机关操作系统、办公软件和杀毒软件国产化率达 100%。自治区国资委扎实推进区属国有企业软件正版化、制度化、规范化，对区属国有企业软件正版化工作落实情况进行督导检查，目前监管企业集团公司软件正版化率达 100%。自治区党委网信办依托技术监测平台对全区 7300 余家备案网站开展常态化巡察，定期监看属地 1100 多款 APP 内容，将属地内 1100 万个微博账号和 29 万个微信公众号内容纳入监测范围，向自治区市场监督管理厅（知识产权局）转交涉网违规线索 20 条。依法关闭关停假冒教育网站"银川名师家教网"、假冒维权网站"全民法治网"、假冒新闻网站"宁夏日报"和"宁夏人的宁夏事"等 12 个冒用宁夏名称进行恶意营销的微信公众号，注销冒充中卫市委领导涉嫌实施网络诈骗的仿冒微信账号。

自治区邮政管理局　开展生产作业环节管控和问题隐患排查治理，通过加大检查和行政执法力度、在寄递企业中开展实名收寄专项检查、开展过机安检专项执法检查等方式，加强对零散用户使用寄递服务监督管理，督促企业组织从业人员开展侵权假冒商品辨识培训，严格落实"三项制度"，从业人员严格落实收寄验视制度，严防侵权假冒商品流入寄递渠道，要求企业加强对协议用户的备案管理和清理工作，加大交寄物品抽检和复检频次。

自治区药品监督管理局　开展网售药品违法违规行为专项整治和医疗器械"清网"行动，扎实抓好药品流通使用环节专项整治、中药饮片生产、第二类精神药品、医疗器械经营使用环节监督检查和风险隐患排查整治、化妆品

"线上净网线下清源"等专项检查整治，着力净化药品网络销售市场，夯实医疗器械网络交易服务第三方平台责任，建立宁夏打击药品领域违法犯罪行为执法协作机制。部署"两品一械"抽检计划 2066 批次、化妆品风险监测 100 批次，重点针对质量存疑的散装中药饮片、上年度抽检不合格产品加大抽检频次和力度，查办"两品一械"违法案件 631 起，罚没款 705.22 万元，移送案件线索 12 起，向国家药品监督管理局"一案一报"重大案件 8 件。打击利用网络生产销售违法化妆品行为，检查化妆品生产企业 9 家次、经营使用单位 3799 家次，排查发现风险隐患 371 条，转送立案查处企业 106 家。开展医美机构、中药饮片靶向稽查执法 3 次，通过靶向抽检发现假劣药 4 种，发现并移交违法线索 18 件，指导查办平罗县某医院非法渠道购进中药饮片案，货值金额 48 万余元，罚没款 143 万元。依托全区药品安全智慧监管平台，有序推进药品安全信用档案建设，截至 2022 年 11 月底，全区共建立"两品一械"企业药品安全电子信用档案 3877 份，建档率达 69.7%。农业农村、公安、市场监管等 6 部门建立农资打假协同工作机制，狠抓农村地区治理，围绕种子、农药、肥料、兽药等重点农资产品开展打假专项治理，持续开展农业投入品"检打联动"行动，抽检农资产品 1002 个，对不合格投入品要求属地依法依规处置，库存全部下架。市场监管、农业农村、公安、商务及供销社 5 部门持续推进农村假冒伪劣食品专项行动，检查食品生产经营主体 65804 户次，批发市场、农贸市场等各类市场 2240 个次，查处食品违法案件 721 件，案件罚款 482.51 万元，全区共创建农村食品经营店规范化试点 1037 家。

自治区农业农村和林草部门 下达现代种业提升工程专项资金，鼓励育种创新，促进种业知识产权保护发展。林草局组织相关部门对使用中央财政资金开展造林绿化的单位所用苗木进行随机抽查，抽检 13 个用苗单位的 46 个苗批，其中合格苗批 39 个，占 84.8%。自治区各级公安机关、法院和检察院坚持依法依规、从严从速查办制售侵权假冒农资、种子违法犯罪行为。在上市农产品生产、批发领域大力推行"合格证＋检贴联动"农安智慧监管模式，通过智慧化检测设备同步生成附带检测信息的合格证二维码，全年共开具 471 万张，涉及品类 224 种、25.4 万余吨农产品，实现了手动开具向电子出证的转变。深入开展种业监管执法年活动，检查种子经营门店 1312 个次，抽检玉米种子样品 212 份，立案查处违法种子案件 3 起，严防坑农害农事件发生。自治区林业与草原局开展打击侵犯林草植物新品种权、假冒授权品种专项行动，重点对各种林木花卉博览会、交易会及大型专业市场进行检查，对重点品种、重点区域、重点企业进行抽查，在门户网站上向社会公布监督举报渠道，畅通举报渠道，全年未接到侵犯新品种权的相关举报，未曾出现侵犯和假冒植物新品种等违法案件，全区植物新品种权得到有效保护。截至 2022 年，全区共取得国家植物新品种保护权 27 种。

银川海关 开展重点渠道治理，开展"龙腾"和"蓝网"专项行动，强化对寄递渠道"化整为零""蚂蚁搬家"式侵权的打击力度，加强对跨境电子商务进出口侵权违法行为的查处。

自治区打击侵犯知识产权和制售假冒伪劣商品工作领导小组办公室 组织各市、县（区）开展销毁侵权假冒伪劣商品行动，集中销毁侵权假冒伪劣商品56万余件、104.85吨，涉及食品、药品、日用消费品、烟草、化妆品、医疗器械等百余个品种，货值金额288.4万余元。深入推进代理机构"蓝天"专项整治行动，重点打击无资质"黑代理"行为，并协调成立宁夏专利代理师协会，建立健全专利、商标代理机构及执业专利代理师名录。

自治区公安厅 深入开展"昆仑2022"专项行动，侦办侵犯知识产权和生产、销售伪劣商品领域违法犯罪案件40起，涉案金额5600余万元，打击处理犯罪嫌疑人71人，其中"张某等人假冒注册商标案"被公安部列为挂牌督办案件，并挂牌督办"8·27假冒注册商标案""12·2假冒注册商标案""7.26非法经营案"3起案件。

三、知识产权维权援助

自治区市场监督管理厅（知识产权局） 2018—2022年，积极开展知识产权维权援助及入驻展会工作，针对民营企业、外资企业、中小微企业等提供知识产权政策咨询、维权援助等服务，主动下企业开展执法维权工作2次，进驻银川市大型展会 3 次，开展知识产权维权援助活动，提升企业知识产权保护意识。持续开展知识产权举报投诉与维权援助工作，发挥知识产权维权援助中心作用，积极制定维权援助实施方案，加大知识产权维权援助服务力度，发挥 12315 市场监管投诉举报平台作用，及时受理解决知识产权侵权假冒投诉举报，提高纠纷快速处理能力。加大对各市专利侵权纠纷行政裁决案件的指导力度，积极办理电子商务领域专利侵权纠纷案件。通过公交候车亭广告牌、群发短信、视屏广告、印制宣传手册等多种方式开展 12330 主题宣传，并参加自治区知识产权局"4·26 世界知识产权日"、自治区公安厅举办的"5·15"打击和防范经济犯罪宣传日等活动。

宁夏知识产权维权援助中心 自成立以来，除本级机构外，新建基层维权援助工作站 9 个，覆盖全区 5 市 2 县。按照国家市场监督管理总局要求，宁夏积极推进实施 12330 与 12315 热线归并，受理公众包括知识产权诉求在内的投诉举报；2021 年 12 月，全区实现 12315 热线与 12345 热线并线运行，通过热线方式联通全区市场监管（知识产权）31 个部门、170 多个工作节点，进一步畅通了社会对知识产权诉求的受理处理渠道，为知识产权维权援助工作提供了有力支撑。2021—2022 年，通过维权援助中心及热线方式，共受理公众知识产权维权援助申请 519 件，线上线下提供维权援助咨询指导服务千余次，组织开展知识产权培训 30 余次。强化维权援助工作保障。在组织领导方面，

2021年，自治区党委办公厅、人民政府办公厅印发《关于强化知识产权保护的实施意见》，围绕知识产权严保护、大保护、快保护、同保护全面提升知识产权治理能力，对知识产权维权援助工作从政策层面提供了保障。在条件保障方面，宁夏知识产权维权援助中心制作了知识产权维权援助志愿者服装，知识产权宣传、保护地理标志等各类展板，以及保护商标品牌、保护地理标志、保护专利创新题材的公益广告，营造了良好的知识产权维权援助工作氛围。在队伍建设方面，组建知识产权维权援助专业化志愿服务队伍，扩充维权援助力量，目前共发展志愿者20人；组建海外知识产权维权援助专家库，与宁夏大学法学院、银川市律师协会等机构积极协调，通过推荐和筛选，26名专家入库，为宁夏企业海外知识产权维权援助工作储备了力量。提升维权援助工作能力。宁夏知识产权维权援助中心从自治区实际情况实际出发，开展知识产权维权援助能力建设，深刻认识知识产权维权援助与营商环境的关系，将知识产权维权援助服务向市民办事大厅延伸，设立知识产权自助检索服务设备，向企业开放商标专利数据库，进行知识产权信息检索，方便企业及时发现侵权问题，维护权益。通过"12315"、"12345"拓宽知识产权诉求受理处理渠道，用强大的市场监管职能为公众的知识产权诉求提供支撑。与周边省市建立良好的知识产权维权援助服务沟通机制，聚焦黄河流域生态保护和高质量发展主题，积极与山东、甘肃、陕西知识产权维权援助机构协调和沟通，相互借鉴，提高维权援助工作效能。不断完善知识产权维权援助工作制度，2021年，知识产权维权援助中心制定和完善大量工作制度，先后制定《宁夏回族自治区海外知识产权维权援助工作方案》《宁夏回族自治区海外知识产权纠纷预警防范办法》等制度4项。为完善知识产权纠纷多元化解决机制，充分发挥仲裁在协调解决知识产权纠纷中的重要作用，分别与银川、吴忠等4市法律仲裁委员会签订《多元化解决知识产权纠纷合作框架协议》。为方便基层市场监管干部、知识产权重点单位、知识产权服务企业开展维权援助工作，组织编写《知识产权侵权投诉指南》《知识产权案件仲裁指南》等指南5项。突出维权援助重点工作。聚焦中小微企事业维权援助工作，为加强与服务对象的交流沟通，为自治区创新主体提供更直接有效服务，知识产权维权援助中心制作了《宁夏创新主体知识产权需求问卷》等各类问卷5份，分别向创新主体推送，归集维权援助需求。持续关注宁夏9个重点产业，立足葡萄酒产业发展，将保乐力加（宁夏）葡萄酒酿造有限公司、中粮长城葡萄酒（宁夏）有限公司等红酒企业列为服务重点；立足枸杞产业，将百瑞源枸杞股份有限公司列为服务重点、为企业在知识产权领域答疑解惑。维权援助中心在商标、专利领域开展知识产权维权援助服务所覆盖的企业总数有100余家。开展知识产权进展会活动，积极与宁夏会展中心等主办单位沟通协调，在展会设立知识产权维权援助服务点、知识产权维权援助志愿者进驻服务点，共计驻场16次，现场为参展群众、参展商和创新主体提供商标、专利、地理标志等领域的知识产权维权援助服务。开展电商领域侵权案件判定工作，2018—2022年，维权援助中心接受中国电子商务专利执法维权协作调度（浙江）中心委托，办理电子商务领域专利侵权判定咨询518件，共出具侵权判定意见书518份，涉案链接达1083个。开展海外维权援助服务，为强化海外知识产权纠纷预警防范，对宁夏25件马德里商标持有人进行了跟踪回访，通过函件形式，排查企业海外维权难题。探索社会共治维权援助模式，一方面加强与社会组织的沟通和协调，积极对接国家知识产权研究会、宁夏地理标志协会、宁夏品牌研究会、宁夏黄花菜协会等机构，发挥智库机构的智囊作用、服务机构的服务作用、行业协会的组织作用，共同开展维权援助工作，实现知识产权维权援助工作辐射面的不断扩大；另一方面，联合海关、法院等部门设立知识产权维权援助服务点，集中进驻展会、联合咨询、并联办理，有效整合各部门知识产权维权援助力量，形成知识产权服务合力，为企业和群众提供高效便捷的服务。

宁夏公安机关 2018—2022年，为全面贯彻落实习近平总书记关于知识产权保护工作重要指示、批示精神，分析全区公安机关近年来侦办的涉知识产权类案件，主动与企业建立联络机制，开展走访活动，了解企业在知识产权保护方面存在的困难和问题，对存在问题、隐患的企业有针对性地帮助提出解决办法，通报主管部门，并探索建立了一批知识产权保护工作站。针对自治区高新企业知识产权保护工作相对较弱的问题，自治区公安厅聚焦"六新六特六优"产业，紧紧围绕枸杞、奶产业、肉牛和滩羊产业、电子信息、新型材料等知识产权集中的高新企业，在全区重点工业园区（高新开发区）建立了43家警企知识产权保护工作站；依托知识产权保护工作站，组建知识产权保护警企微信工作群，全天候接受违法线索举报，定期发送知识产权类政策法规，定期进企业开展知识产权保护普法宣传。帮助企业对核心技术制定防控措施，对企业持有的专利、商业秘密等点对点提供定制化、精准化服务，帮助企业健康、快速发展，助力黄河流域生态环境保护和自治区高质量发展先行区建设。2019年，全区各级经侦部门共走访重点企业443家（次），建立53件重点企业保护名录，建立23个知识产权保护工作室和联络站，开展专题讲座16次，为企业的合同对象、投资对象进行背景审查5次，帮助企业避免损失数千万元。为企业的20多起涉诉案件提出解决办法，挽回经济损失1200余万元。2020年以来，全区各级公安机关依托知识产权保护工作站进企业开展法律培训200余场次，接受各类法律咨询500余人次，累计发送各类警情、政策、法规1万余条次，帮助企业制定保护措施20余项，提出合理化建议50余条，破获刑事案件2起，为2家企业挽回经济损失900余万元。目前，宁夏公安机关探索建立知识产权保护工作站已经取得初步效果，通过建立知识产权保护工作站紧密联系企业，用实际行动推动了知识产权保护工作落地落实；43家知识产权保护工作站全部为企业提供无偿服务，在帮助企业发现知识产权保护漏洞的同时，同步提供定制化服务，深受广大企业主好评；14家高新企业正在申请公安机关建立知识产权保护工作站。

四、知识产权非诉纠纷解决机制

自治区市场监督管理厅（知识产权局） 2018—2022年，联合自治区高级人民法院印发《关于落实知识产权在线诉调对接机制的通知》（宁高法〔2021〕59号），建立规范宁夏知识产权在线诉调对接工作程序。宁夏2家知识产权纠纷调解组织及10名调解员入驻最高人民法院知识产权纠纷调解平台，成功调解1起涉嫌侵犯"小酌轩"商标权纠纷案及调解2件知识产权纠纷案件。联合自治区高院印发《知识产权纠纷行政调解协议司法确认程序试点工作实施办法》（宁高法〔2021〕60号），共同建立知识产权纠纷行政调解协议司法确认工作对接机制，建立联络员制度，定期开展工作交流和问题研讨，办理首例专利侵权纠纷行政调解协议司法确认，不断完善知识产权多元化纠纷解决途径。2022年，自治区市场监督管理厅（知识产权局）共办理专利侵权纠纷行政裁决案件10件、电商案件80件、假冒专利案件3件。

自治区司法厅 不断加强仲裁领域知识产权人才队伍建设，银川、固原、中卫仲裁委员会聘任15名专家担任仲裁员。截至2022年，全区共有知识产权专长仲裁员24名。固原、中卫仲裁委员会以举办仲裁工作推进会、开展线上知识产权培训会等方式，邀请领域专家开展仲裁员培训。

自治区药品监督管理局 推动施行《药品专利纠纷早期解决机制实施办法（试行）》，落实药品专利纠纷早期解决机制，在注册阶段为药品专利纠纷提供早期解决途径。

五、地理标志保护

地理标志是宁夏助力脱贫攻坚、实现乡村振兴的重要抓手。随着地理标志产业的发展，宁夏形成了一批"小而精""特而美"的地理标志特色产业，涌现出盐池滩羊、中宁枸杞、宁夏枸杞、宁夏大米、贺兰山东麓葡萄酒、吴忠牛乳等一批全国知名的地理标志产品。自治区市场监督管理厅（知识产权局）始终坚持认真落实知识产权"严保护、大保护、快保护、同保护"工作要求，以专项整治为抓手，集中清理整治市场上虚假宣传、假冒伪造、未经授权擅自使用地理标志标识等侵权行为，以查促改，不断规范地理标志产品使用行为，地理标志使用主体规模不断扩大，增收带动作用日益凸显，取得了良好的经济社会效益，提升了"宁夏品牌"的影响力和市场竞争力，促进了全区经济社会高质量发展。

截至 2022 年底，宁夏共有地理标志保护产品 11 件、地理标志商标 32 件、农产品地理标志 60 件。

11 件地理标志保护产品包括：宁夏枸杞、贺兰山东麓葡萄酒、盐池滩羊、彭阳红梅杏、朝那鸡、固原胡麻油、固原黄牛、固原马铃薯、同心圆枣、灵武长枣、香山压砂西瓜。目前，已核准使用地理标志专用标志企业 56 家，其中，2020 年 12 家（宁夏枸杞 4 家、贺兰山东麓葡萄酒 1 家、彭阳红梅杏 3 家、朝那鸡 1 家、固原胡麻油 1 家、同心圆枣 2 家）；2021 年 16 家（宁夏枸杞 1 家、贺兰山东麓葡萄酒 11 家、盐池滩羊 3 家、固原黄牛 1 家）；2022 年 28 家（宁夏枸杞 1 家、贺兰山东麓葡萄酒 26 家、盐池滩羊 1 家、固原黄牛 1 家）。

32 件地理标志商标包括中宁枸杞、中宁圆枣、海原回绣、盐池滩羊（29 类、31 类）、盐池甘草、青铜峡大米、同心圆枣、固原红鸡（29 类、31 类）、固原黄牛、固原马铃薯、固原胡麻油、泾源黄牛、西吉芹菜、西吉马铃薯、彭阳辣椒、太西煤、惠农枸杞、平罗沙漠西瓜、石嘴山架豆种子、大武口凉皮、灵武长枣、灵武山草羊（29 类、31 类）、贺兰砚、贺兰山东麓酿酒葡萄、贺兰山东麓葡萄酒、宁夏枸杞等。目前，已许可使用地理标志商标企业共计 277 家，其中 2020 年 13 家（惠农枸杞 1 家、海原回绣 7 家、大武口凉皮 4 家、平罗沙漠西瓜 1 家），2021 年 132 家（中宁枸杞 97 家、固原黄牛 8 家、固原马铃薯 7 家、固原胡麻油 8 家、大武口凉皮 11 家、平罗沙漠西瓜 1 家），2022 年 135 家（盐池滩羊 87 家、中宁枸杞 19 家、宁夏枸杞 14 家、固原黄牛 14 家、大武口凉皮 1 家）。

60 件农产品地理标志包括：宁夏菜心、贺兰螺丝菜、宁夏大米、张亮香瓜、银川鲤鱼、沙湖大鱼头、丁北西芹、灵武长枣、大武口小公鸡、李岗西甜瓜、黄渠桥羊羔肉、涝河桥羊肉（清真）、青铜峡西瓜、盐池甜瓜、盐池滩羊肉、盐池滩鸡、青铜峡辣椒、吴忠牛乳、盐池西瓜、马家湖西瓜、同心滩羊肉（清真）、涝河桥牛肉（清真）、同心马铃薯、青铜峡番茄、盐池荞麦、盐池滩鸡蛋、盐池二毛皮、扁担沟苹果、金银滩李子、盐池胡麻、盐池黄花菜、盐池蜂蜜、盐池甘草、盐池谷子、盐池糜子、吴忠亚麻籽油、同心银柴胡、彭阳辣椒、西吉马铃薯、六盘山蚕豆、朝那乌鸡、原州马铃薯、原州油用亚麻、固原葵花、西吉西芹、隆德马铃薯、彭阳杏子、六盘山秦艽、六盘山黄芪、泾源黄牛肉、泾源蜂蜜、中宁硒砂瓜、海原硒砂瓜、海原马铃薯、海原小茴香、南长滩软梨子、南长滩大枣、中宁枸杞、沙坡头苹果、中卫硒砂瓜。

不断扩大地理标志产品产业规模，形成全国知名地标特色产业。其中：种植业44个，占73.33%；养殖业14个，占23.33%；渔业2个，占3.33%。相关产品产量达到327.1万吨，总产值达111.2亿元。2020年，盐池滩羊肉产量已达2.8万吨，产值达11.2亿元，分别比2010年增长60.0%、228.6%；宁夏菜心、中宁枸杞种植面积分别达22.5万亩、20万亩，产量分别超过32万吨、4.1万吨；吴忠牛乳奶牛存栏达27.3万头，日产鲜奶达3400吨，利通区、青铜峡市被确定为全国"奶牛养殖大县"。

制定落实实施方案，推动全区地理标志产品高质量发展。为充分发挥宁夏枸杞、贺兰山东麓葡萄酒、盐池滩羊等产区优势和生态优势，推动全区地理标志产品规模化、管理规范化、质量标准化、市场品牌化和形态一体化高质量发展，2021年，宁夏地理标志产业协会制定了《宁夏九大重点产业高质量实施发展方案》在现代化枸杞产业方面，突出"中国枸杞之乡"的战略定位，构建现代枸杞产业标准、绿色防控、检验检测、产品溯源"四大体系"，建设枸杞标准制定发布中心、精深加工中心、科技研发中心、文化传播中心、市场交易中心，实施基地稳杞、龙头强杞、科技兴杞、质量保杞、品牌立杞、文化活杞"六大工程"。巩固"一核两带"产业发展格局。"一核"即突出中宁县核心产区地位，重点围绕良种繁育、精深加工、仓储物流等建设现代枸杞产业集散区、加工区和优势区，创建国家级产业园区。"两带"即发展以沙坡头区、红寺堡区、同心县、海原县、原州区等为产区的清水河流域产业带，以利通区、西夏区、兴庆区、贺兰县、永宁县、平罗县、惠农区等为产区的银川平原产业带。清水河流域产业带立足地域资源优势，重点发展果用、叶用枸杞，助推农民增收致富。银川平原产业带利用首府城市及周边地区的科研、人才等优势，重点发展果用枸杞，打造田园综合体，发展枸杞特色旅游业，推动三产融合发展。到2025年，全区枸杞种植面积预计稳定在70万亩左右，基地标准化率达到95%，良种使用率达到98%，鲜果产量达到70万吨，鲜果加工转化率达到40%，综合产值力争突破500亿元。在葡萄酒产业方面，充分利用自治区建设国家农业绿色发展先行区的政策机遇，以葡萄酒产业供给侧结构性改革为主线，加快构建现代葡萄酒产业体系、生产体系、经营体系和技术研发推广体系，推动葡萄酒产业高端化、绿色化、智能化、融合化、品牌化发展，将宁夏贺兰山东麓打造成为闻名遐迩的"葡萄酒之都"，成为中国葡萄酒高质量发展的引领区、"葡萄酒＋"融合发展的创新区、生态治理的示范区，以及"一带一路"交流合作和宁夏对外开放的重要平台。以贺兰山东麓葡萄酒地理标志产品保护区范围为核心，以3市9县和6个国有农场为重点，构筑"32521"总体布局，力争用5—10年时间，酿酒葡萄基地规模达到100万亩，年产优质葡萄酒3亿瓶以上，葡萄酒产业布局区域化、经营规模化、生产标准化、产业数字化、营销市场化水平显著提升，龙头企业顶天立地、中小酒庄集群发展格局基本形成，生产加工销售可溯源网络体系初步完善，覆盖国内、畅通国际、线上线下全渠道营销体系全面构建，努力实现葡萄酒产业综合产值达到1000亿元、贺兰山东麓葡萄酒品牌价值翻番的目标。在滩羊产业方面，充分利用自治区建设国家农业绿色发展先行区的政策机遇，以供给侧结构性改革为主线，以促进农民增收为核心，以布局区域化、经营规模化、生产标准化、发展产业化为路径，全面提高滩羊产业发展质量效益和竞争力，推进滩羊产业高端化、绿色化、智能化、融合化发展，做强"盐池滩羊"品牌，加快"中国滩羊之乡"建设。力争用5年时间，全区滩羊饲养量达到1750万只，其中存栏866万只，出栏884万只；规模化养殖比例达到60%以上，标准化养殖技术普及率达到90%，养殖综合效益提升 20%，绿色发展水平显著提高；培育农业产业化龙头企业 17 家，屠宰加工率达到 70%，精深加工率达到 25%，产业化发展水平有效提升，努力实现滩羊产业全产业链产值达到 400 亿元的目标。

筹建地理标志检索评估创新服务平台，提供优质专业商标品牌服务。为贯彻落实自治区党委政府关于《宁夏回族自治区知识产权保护和运用"十四五"规划》决策部署，加强商标品牌建设，充分发挥区域公共品牌的赋能引领作用，加快探索商标品牌促进区域和产业经济发展的新路径新模式，宁夏地理标志产业协会自筹资金，筹建宁夏地理标志检索评估创新服务平台，实现数据共享、互联互通，以地理标志区域公共品牌的强大影响力，赋能带动产区企业品牌，全面提高地理标志产品的市场竞争力，提升商标品牌的市场价值和社会效益，推进宁夏"六新六特六优"产业高质量发展。宁夏地理标志产业协会充分发挥宁夏地理标志检索评估创新公共服务平台的综合服务功能，汇聚宁夏地理标志产业协会专业技术资源、专家团队人才资源，聚焦自治区重点产业、优势特色产业，紧贴需求，找准产业、企业需求的共振点，精准服务，以问题导向、需求导向逐步层缕分析，通过网络载体，快速有效地进行宁夏地理标志产品信息检索查询、执行标准检索查询、地理标志专用标志用标企业信息查询、名特优产品地理标志注册认证登记评估、商标与专利维权信息登记、知识产权侵权举报登记、地理标志专用标志备案申请、技术创新与科技成果转移转化产学研"供需"对接、商标注册咨询服务、知识产权惠企政策查询、知识产权公告信息查询等多项便捷实用性公共服务，为产业集群、市场主体提供更加优质专业的商标品牌服务。为有效推动宁夏优质地理标志产品"走出去"、促进绿色消费、提高宁夏地理标志产品的知名度和影响力，帮助宁夏地理标志产品生产企业拓展销售渠道、增加市场份额，依据平台大数据的汇总统计功能，将宁夏地理标志产品生产企业与区内外电商网络销售平台（源味地标、地标甄选等）及宁夏地理标志特色餐饮服务业平台等优质销售资源双向精准对接，让消费者买到纯正的宁夏地理标志产品，以品质消费满足大众日益增长的美好生活需求，以品牌消费促进国内大循环畅通，充分运用专业平台优势，进一步凸显宁夏优质地理标志产品的品牌、品质，有效服务企业产品销售需求。

表5　宁夏地理标志检索评估创新服务平台功能模块

一级菜单	二级菜单	描述	系统模式
地理标志产品	地理标志类型		文章系统
	归属区域		文章系统
	产品分类		文章系统
	证书持有者		文章系统
	登记年份		文章系统
	注册类别		文章系统
	其他保护情况		文章系统

续表

一级菜单	二级菜单	描述	系统模式
地理标志产品	产地保护范围		文章系统
地理标志专用标志用标企业	区域		文章系统
	产品名称		文章系统
	地理标志保护产品		文章系统
	地理标志商标		文章系统
	核准使用公告		文章系统
	企业介绍		文章系统
执行标准	标准号		新闻系统
	标准名称		新闻系统
	发布日期		新闻系统
	实施日期		新闻系统
评估认证	地理标志商标	产品资料信息收集	表单提交
	地理标志保护产品	产品资料信息收集	表单提交
	农产品地理标志	产品资料信息收集	表单提交
高级查询	地理标志产品		高级查询系统
	地理标志专用标志用标企业		高级查询系统
	执行标准		高级查询系统
咨询窗口	知识产权维权信息		表单提交
	商标注册咨询服务		表单提交

续表

一级菜单	二级菜单	描述	系统模式
咨询窗口	地理标志备案申请		表单提交
	专用标志使用申请		表单提交
	地理标志注册信息评估		表单提交
	创新成果转移转化信息		表单提交
会员注册	会员注册		新闻系统
	短信验证		短信对接系统
会员登录	用户名		登录系统
	手机号		登录系统
关于我们	协会概况		文章系统
	政策咨询		新闻系统
	协会动态		新闻系统
	联系我们		文章系统
友情链接	知识产权局等政府官网		网址对接系统

第二节　银川市：加强品牌指导，提升运用效能

一、知识产权行政服务与促进培育

加强品牌指导，引领全市企业知识产权综合能力和水

平不断提高。2018—2022年，银川市培育国家级专利导航服务基地1家、商标品牌指导站3家，指导帮扶各类市场主体解决专利导航、商标品牌创造等方面问题，提升企业知识产权运用效能。紧扣自治区"六新六特六优"产业高质量发展战略部署，充分发挥地理标志的区域品牌作用，强化知识产权试点示范企业指导，培育全区知识产权培优试点企业10家、自治区地理标志运营试点企业7家、专利试点运营企业4家，扶持"宁夏枸杞""贺兰山东麓葡萄酒""灵武长枣"等地理标志企业50家，以点带面，引领全市企业知识产权综合能力和水平不断提高。其中，贺兰山东麓葡萄酒产区的61家酒庄中，注册使用自主商标企业达到全覆盖，核准使用地理标志专用标志企业达25家，占产区用标企业的41%。"贺兰山东麓葡萄酒"品牌价值位列全国地理标志产品区域品牌榜第9位，并作为我国第一批100个知名地理标志获得欧盟的保护。经国家知识产权局批准，由银川市人民政府承担建设的贺兰山东麓葡萄酒国家地理标志产品保护示范区纳入筹建名单，成为全国29家获批的示范区之一。

拓展企业融资渠道，降低企业融资成本。完善知识产权质押融资体系，全市知识产权质押融资达2.88亿元，为宁夏伊品生物科技股份有限公司发放知识产权质押融资20万元。

不断完善知识产权综合服务体系，提高行业知识产权保护水平。指导宁夏地理标志产业协会、宁夏品牌建设促进会、宁夏品牌研究会等团体发挥牵头作用。2022年成立科创中国（银川）知识产权服务园，建立并运营金凤区知识产权保护中心，与北京天驰君泰（银川）律师事务所共建知识产权纠纷人民调解委员会、知识产权法律服务中心，并被金凤区公安分局侵犯知识产权犯罪侦查支队授予"知识产权保护工作站"牌子。制定《科创中国（银川）知识产权服务园工作管理办法》《科创中国（银川）知识产权服务园机构设置及岗位职责》等相关工作制度，起草并制定Q/GZZC001-2020《知识产权服务工作人员规范》标准，截至目前，已经为宁夏佳智星科技有限公司、宁夏大地循环发展股份有限公司、宁夏天香国丰餐饮等76家公司成功申请注册商标100余件，服务项目超过5800项。

二、知识产权行政执法

图2　2018—2022年银川市办理各类知识产权侵权假冒案件情况

银川市市场监督管理局(知识产权局) 2018—2022 年,积极探索跨部门联合执法、跨区域协作保护机制,组织开展"盐池滩羊""宁夏枸杞""贺兰山东麓葡萄酒"地理标志证明商标和地理标志保护产品专项整治、知识产权代理机构专项整治、商标恶意抢注行为专项整治、奥林匹克标志保护等行动,共计查处知识产权侵权违法案件 358 件,罚没款达 543.26 万元,有力地震慑和警示了不法生产经营者,增强了消费者维权意识,净化了市场环境,知识产权保护社会满意度稳步提升。其中,2019 年 4 月,银川市破获西夏区某广场店铺销售假冒"耐克""阿迪达斯"注册商标商品案,查扣假冒运动鞋 1000 余双。2019 年 9 月,银川市破获"3·06"非法经营雪茄案,捣毁银川、上海仓储窝点 4 处,共计查获古巴雪茄 19800 余支,涉案价值183 万余元。2022 年,银川市公安机关成功侦破全区首起制售假冒饲料添加剂氯化钠刑事案件"12·2"假冒注册商标案,抓获犯罪嫌疑人 3 名,捣毁制假库房 1 处,查获假冒注册商标的饲料添加剂氯化钠 200 余万公斤、假冒包装袋 5 万余个、大型制假设备 3 台,涉案总金额 600 余万元。银川市公安机关成功侦破"8·27"特大假冒注册商标案及闫某某销售假冒注册商标的商品案,共查获假冒白酒 2000余瓶,抓获犯罪嫌疑人 7 名,捣毁假酒生产窝点 1 处、仓储库房 3 处,涉案金额 140 余万元,央视等多家媒体予以报道。发布知识产权司法保护白皮书,推进知识产权"三合一"审判、繁简分流机制改革，一审审结知识产权案件631件，服判息诉率达到95.4%。成立知识产权检察办公室，制定《银川市知识产权刑事案件证据审查指引》，积极开展知识产权领域公益诉讼及重大案件指导。完成全区首例专利侵权纠纷行政调解协议司法确认。"外包装盒（无烟煤）"外观设计专利侵权纠纷案入选全国"2021年度专利行政保护典型案例"。在国家知识产权局公布的2021年度全国知识产权行政保护工作绩效考核结果中，银川市在全国157个城市中的综合排名成绩较去年上升71个位次，居全国第85位，成绩优于西安、乌鲁木齐、呼和浩特、兰州等省会（首府）城市。

三、知识产权非诉纠纷解决机制

2018—2022年，银川市市场监督管理局（知识产权局）拓宽知识产权纠纷调解渠道，成立知识产权纠纷人民调解委员会2个、知识产权保护工作站20个、非诉纠纷解决机构7个、快速维权中心3个、诉调对接中心1个，知识产权维权援助呈现多元化结构。全市知识产权非诉纠纷解决机构秉承公平公正的原则，依法高效解决各类民商事纠纷，有效维护当事人合法权益；健全知识产权纠纷调解协议司法确认机制，以13家非诉纠纷调解机构为依托，化解知识产权纠纷131件，平均调解成功率达98.5%。

四、地理标志保护

2018—2022 年，银川市市场监督管理局（知识产权局）坚持把地理标志作为促进区域经济特色产业发展的有效载体，深入贯彻落实《地理标志保护和运用"十四五"规划》，从地理标志培育、保护、管理入手，不断规范地理标志产品使用行为，确保地理标志质量特色，促进地理标志产品品牌影响力提升。截至 2022 年底，银川市共有地理标志保护产品 3 件，分别为"宁夏枸杞"（2004 年获批）、"灵武长枣"（2006 年获批）、"贺兰山东麓葡萄酒"（2011 年获批）；地理标志证明商标 5 件，其中，"贺兰山东麓葡萄酒""灵武长枣""宁夏枸杞"3 件证明商标同时获批地理标志产品，"灵武山草羊（羊肉）""灵武山草羊（活体）"2 件证明商标因养殖数量少、销售区域小、品牌影响力低等因素，使用单位未申请核发新专用标志。地理标志保护工作主要措施如下。

强化重点培育，打造区域品牌。按照"巩固一批、发展一批、培育一批"的原则，建立"政府主导、部门推进、市场引导、社会参与"的长效工作机制，指导地理标志使用企业严格按照国家知识产权局《地理标志专用标志使用管理办法（试行）》规范使用地理标志，自觉把好食品安全和产品质量关口。共同维护"宁夏枸杞""贺兰山东麓葡萄酒""灵武长枣"地理标志专用标志的品牌形象，确保产品质量安全，保障消费者的身体健康和生命安全。培育商标品牌指导站 3 家，指导帮扶企业解决商标品牌创造等方面的问题。强化知识产权试点示范企业指导，培育自治区地理标志运营试点企业7家。指导宁夏地理标志产业协会、宁夏品牌建设促进会、宁夏品牌研究会等团体发挥牵头作用，提高行业知识产权保护水平。

优化政策支持，促进高质量发展。深入企业进行走访、摸底、调查，鼓励指导枸杞、葡萄酒、灵武长枣企业积极申报地理标志，开展帮扶指导工作，引导企业做好地理标志专用标志使用管理工作，指导企业对专用标志中的统一社会信用代码进行核对，按照要求正确使用地理标志，发挥"店小二"精神，建立一户一档，服务好每一家地理标志申报、使用企业，积极推进地理标志在品牌战略中的引导作用。紧扣自治区"六新六特六优"产业高质量发展战略部署，强化"贺兰山东麓葡萄酒"地理标志产品培育、保护和发展全过程。截至2023年2月底，经公告核准使用地理标志产品专用标志的单位达63家（停业8家），其中"宁夏枸杞"专用标志使用单位19家（停业5家）、"贺兰山东麓葡萄酒"专用标志使用单位39家（停业3家）、"灵武长枣"专用标志使用单位5家；2022年度新核准使用地理标志专用标志企业16家，均为"贺兰山东麓葡萄酒"。2020—2022年，银川市全市地理标志产品专用标志使用单位产值达26.1亿元，以点带面，引领全市企业地理标志综合运用能力和水平不断提高。

开展专项整治，净化市场环境。组织开展"盐池滩羊""宁夏枸杞""贺兰山东麓葡萄酒""彭阳红梅杏"地理标志产品保护专项整治和"宁夏枸杞"地理标志知识产权保护线上线下一体专项行动，共检查线上、线下市场主体3000余家次，收缴各类包装箱、包装袋1500余个，拆除门头、标志14个，指导规范线上、线下枸杞经营户35家，下发责令整改通知书2份。现场整改违规使用"盐池滩羊""宁夏枸杞"地理标志专用标志经营户71家。现场指导4家葡萄酒生产企业使用地理标志专用标志不规范的情况，责令改正1家。立案1起，封存葡萄酒87箱，罚没款1.8万元。通过开展专项整治，加强了企业和经营者行业自律，有效规范了市场经营行为。

突出宣传培训，营造保护氛围。利用"3·15"消费者权益保护日、"4·26"知识产权宣传日等活动契机，通过广播、嘉宾访谈、制作知识产权宣传片、抖音直播等方式，加大对"宁夏枸杞""贺兰山东麓葡萄酒""灵武长枣"地理标志产品的形象塑造和宣传保护，普及地理标志基础知识，宣传地理标志社会、经济和生态效益，提升公众对地理标志的认知水平，激发市场主体运用地理标志参与市场竞争的积极性和主动性。共开展宣传活动40余场，发放宣传资料3万余份，接受群众现场咨询500余人次，推出嘉宾访谈2期，播放知识产权公益宣传广播200余次，发布宣传信息20余篇，拍摄知识产权专题工作片1期，在全社会营造了"宣传品牌、支持品牌、发展品牌、保护品牌"的良好氛围，不断提升地理标志品牌的影响力。组织开展对地理标志产品专用标志使用企业的培训5场，对企业使用地理标志产品名称、执行标准代号不全面，专用标志不显著，采用的专用标志标示途径局限性小，自主商标不突出等问题，逐项进行了释义和指导，指导企业掌握地理标志产品的申请使用步骤和使用方法，有效促进行业健康、良性发展。

第三节　固原市：强化组织保障，引领示范龙头

一、知识产权行政执法

2018—2022年，固原全市共查处侵犯商标权案件60件，罚没款达73.64万元；受理侵犯专利案件2件，行政裁决2件；调解商标侵权投诉4件；核查非正常专利申请157件，撤回110件，申诉2件，无法联系45件。

2019年　固原市市场监督管理局组织开展知识产权行政执法维权专项行动及"专利代理行业'蓝天'专项行动"、地理标志秋季整治等专项治理和"双随机"抽查任务，参与调处涉嫌专利侵权纠纷案1件，交办涉嫌商标侵权案1件，移送涉嫌商标侵权案3件，将初步调查的1件涉嫌无资质代理专利案依执法权限上报区厅。各县区局（分局）共查处侵犯商标权案件7件，罚没款达2.67万元。

2020年　全市共查办知识产权类案件16件，罚没款达5.79万元，其中行政裁决专利纠纷案件1件，严厉打击了知识产权领域侵权违法行为，为努力构建知识产权"严保护、快保护、大保护、同保护"工作体系夯实了基础、

营造了氛围。

2021 年 调解商标侵权投诉 4 件（一品江湖、梦之源、盘龙坎、碧丽商标侵权投诉）。办理裁决北京波森特岩土工程有限公司诉凤翔波森特西北岩土工程有限公司"一种载体桩的施工方法"专利（专利号：201610090411.3）侵权案件一起，被请求人未提起起诉，请求人的专利诉求得到保护。对固原市时迈科技有限公司开展风险预警排查工作。根据自治区市场监督管理厅（知识产权局）"侵权案件线索转办通知书"（保护处 2021001 号）线索，对固原市原州区聚龙坎火锅店商标侵权立案调查，罚款 4700 元。开展专项执法检查工作，按照自治区知识产权局《关于开展元旦春节期间"盐池滩羊"注册商标专用权保护专项整治行动的通知》文件要求，开展"盐池滩羊"注册商标专用权保护专项整治 1 次，共出动执法人员 80 人次，检查农贸市场 15 个，检查经营户 200 家，其中检查商超 20 家，检查中未发现未经许可使用"盐池滩羊（肉）"的违法行为。根据自治区知识产权局《关于开展"中宁枸杞"地理标志证明商标注册商标专用权保护行动的通知》，为进一步规范固原市辖区"中宁枸杞"地理标志证明商标经营秩序，强化枸杞及其制品生产经营者质量安全主体责任，有效保护"中宁枸杞"地理标志证明商标专用权，开展"中宁枸杞"地理标志证明商标注册商标专用权保护行动 1 次，共检查枸杞经营户 664 户，其中大型超市 23 家；下发责令改正通知书 1 份；现场拆除未经授权使用"中宁枸杞"的门头牌匾 9 块，销毁未经授权印有"宁夏枸杞"字样的外包装袋 350 个，确保枸杞市场规范经营。开展其他各类知识产权专项整治 10 项，累计出动执法人员 350 人次，整顿教育市场主体 200 多家。根据《自治区知识产权局关于进一步严格规范专利申请行为的通知》精神，积极开展自查工作，对 9 家非正常专利申请单位和个人逐户进行整改，督促其撤销非正常申请专利请求。

2022 年 全年开展各类知识产权专项整治行动共 8 项，累计出动执法人员 300 人次，摸排案件线索 30 条，整顿教育市场主体 200 多家。办理侵犯知识产权行政处罚案件 36 件，罚没款达 64.71 万元，其中 1 件紧跟网络舆情快速处置，有效净化了网络舆情环境，2 件被评为"宁夏民生领域典型案例"。固原市原州区检察院聚焦春耕春种关键时期，与市场监管等部门在辖区内联合开展农资打假及打击私屠乱宰专项整治行动，重点围绕售卖假劣农作物种子、化肥以及农兽药残留超标、私屠乱宰等突出问题进行专项检查。西吉县文化和旅游广电局、文化市场综合执法大队配合县"扫黄打非"办公室集中销毁非法出版物 1.46 万册。

二、地理标志保护

固原市目前拥有国家地理标志保护产品 5 件（固原胡麻油、固原黄牛、固原马铃薯、彭阳红梅杏、朝那鸡），自 2016 年 12 月 28 日起实施保护，均实施地方标准（标准号分别为：DB64/T 1580—201、DB64/T 1581—2018、

DB64/T 1582—2018、DB64/T 1641—2019、DB64/T 1642—2019）。除固原马铃薯外，其余4件地理标志保护产品共有6家企业被核准使用地理标志产品专用标志。拥有地理标志证明商标10件，分别为：固原红鸡（29类）、固原红鸡（31类）、西吉马铃薯、西吉芹菜、六盘山苗木、固原黄牛、固原马铃薯、固原胡麻油、彭阳辣椒、泾源黄牛。获得地理标志专用标志使用资格的证明商标许可使用企业有1家。2022年，全市核准使用地理标志专用标志的7家企业年度总产值为1.455亿元，其中，当年核准新使用的宁夏伊伊食品有限公司年度总产值达0.015亿元。

2018—2022年，固原市地理标志保护主要工作措施如下。

强化组织保障，建立工作机制。固原市委、政府高度重视，建立知识产权战略实施工作部门联席会议，加强组织领导和统筹协调，完善知识产权会商合作机制，通过联席会议制度加强发改、财政、商务、市场监管、农业、林业、文化旅游等部门的工作协调，推进地理标志运用促进工作多方参与。将地理标志工作融入地方经济社会发展大局，纳入《固原市国民经济和社会发展第十四个五年规划和2035年远景目标纲要》《固原市关于贯彻自治区创新驱动战略建设西部地区绿色发展示范市实施方案》，同时纳入政府绩效考核体系。

开展专项行动，保护地标价值。深入推动地理标志产品保护专项行动，规范商标和地理标志使用行为，加强侵犯商标专用权和地理标志违法行为的查处力度，提高商标和地理标志注册、运用、保护和管理水平。2018 年以来，分别开展"彭阳红梅杏"地理标志保护产品专项保护行动、"两节"期间"盐池滩羊"注册商标专用权保护专项整治、宁夏枸杞知识产权保护专项行动等 8 次专项整治行动，累计出动执法人员 500 人次，整顿教育市场主体 300 多家，查处案件 1 起。

培育示范龙头，引领地标发展。为切实发挥地理标志助力乡村振兴的重要作用，固原市围绕高质量发展、知识产权管理体系建设、地理标志运营能力提升、区域品牌培育、促农增收等重点工作，出台并落实多项扶持政策，积极培育地理标志运营试点龙头企业，发挥示范引领作用。自治区 10 家地理标志运营试点优秀企业中，固原市拥有 4 家，2022 年总产值达到 1.308 亿元。同时，将农户纳入地理标志产业体系，鼓励和支持发展地理标志产业化联合体，以地理标志为纽带，与农户形成稳定利益共同体。

结合生态文明，深度融合产业。积极将地理标志特色产业培育与生态文明建设有机结合起来，实现经济发展与环境保护的协调统一，落实"绿水青山就是金山银山"的理念。围绕地理标志运用加强技术指导、完善配套设施，倡导发展新模式新业态，推动地理标志与互联网、电子商务、文化创意、生态旅游等产业深度融合。实施"固原胡麻油""彭阳红梅杏"地理标志产品促进运用工程，推动地标产业标准化建设。在红梅杏开花期间举办"六盘山山花节"活动和成熟期"红梅杏采摘游"活动，丰富当地乡村旅游，带动了产业发展，增加了农民收入。

突出地方特色，提升品牌价值。通过发挥龙头企业、专业合作社、行业协会、农村经纪人作用，在大型超市、农贸市场、机场等设立地理标志产品专柜和发展电子商务，鼓励开展农户网络购销对接。通过拍摄国家地理标志大型专题片，邀请著名导演张艺谋推介"彭阳红梅杏"地理保护产品等宣传活动，极大提高固原地理标志产品的市场知名度和竞争力。

第四节　石嘴山市：加强协作联动，健全保护机制

一、知识产权行政执法

图 3　2018—2022 年石嘴山市商标侵权案件办理情况

2018—2022 年,石嘴山市市场监督管理局(知识产权局)重点推进知识产权行政执法工作,取得了切实成效。

建立跨区域、跨部门执法协作联动机制,形成执法合力。与银川市市场监督管理局签订《知识产权执法协作协议》,通过实施线索移送机制、案件协办机制、联合执法机制、信息通报机制、交流培训等机制,加强两地知识产权执法合作,推动知识产权执法跨地区协作进程,促进区域经济社会高质量发展。制定《加强知识产权行政执法和刑事司法衔接工作的实施方案》,明确联络会商、信息共享、办案协作、案件移送、健全失信联合惩戒制度、快速联动处置、公开听证告知、引入技术调查官、宣传普法服务等制度,切实解决跨部门协作中遇到的困难和问题,确保协作力度和配合效果。2019 年,石嘴山市查办全国"扫黄打非"办公室、公安部和国家版权局挂牌督办的平罗"4·24"侵犯著作权案,查获盗录电影 11 部,犯罪嫌疑人王某某、刘某某被平罗县检察院审查起诉。

积极应诉,办理行政裁决案件。办结 3 起发明和外观设计专利侵权纠纷行政裁决案件,引入技术调查官制度,及时录入国家案件管理系统,实现全过程公开透明执法,收集整理主体合法证明资料,并如期提交银川市中级人民法院,完成行政确认纠纷案出庭应诉。

开展知识产权代理行业"蓝天"专项整治行动,加强专利代理行为监管。共开展 7 次非正常专利申请专项整治,通报的 410 件非正常专利中 398 件撤回申请。对石嘴山市涉嫌无资质代理行为的企业进行检查，对存在的问题现场给予指正，对3家企业责令限期办理变更手续、取消专利代理业务，对2家公司后期办理注销登记。

组织开展"双随机"抽查，强化事后监管。每年均安排做好知识产权保护"双随机、一公开"监管工作，先后开展专利真实性、地理标志商标使用和商标代理行业检查3项抽查，共检查经营主体117家，对"大武口凉皮"地理标志集体商标注册人存在的使用和许可不规范情况下发责令改正通知书，同时向大武口区政府提出行政建议，规范对"大武口凉皮"地理标志集体商标的使用行为，督促整改。

聚焦重要节点，护航冬残奥会。强化宣传，制作"规范使用奥林匹克和残奥会标志温馨提示"，利用执法检查和微信公众平台进行宣传。主动对接公安、版权、网信等职能部门，全面排查违规使用、超许可使用奥林匹克标志行为线索。全市共检查经营场所102家，出动执法人员551人次，对1家媒体未经许可在广告宣传中使用奥林匹克标志的行为予以责令改正。办理1起未经授权销售"冰墩墩"钥匙扣的违法案件，罚款1000元。

强化执法检查，开展自主品牌保护。提请自治区市场监督管理厅（知识产权局）在全区开展"大武口凉皮"地理标志保护行动，全市出动执法人员240人次，检查凉皮经营户212家次，对某凉皮店擅自在其门头使用与"大武口凉皮"注册商标近似的字体和标识的行为当场责令停止使用。开展"彭阳红梅杏""盐池滩羊"地理标志执法行动，强化地理标志保护，安排全市重点检查集贸市场、超市、水果零售店等场所 290 余家，检查牛羊肉销售经营户 135 户次，未发现擅自使用或伪造地理标志专用标志等违法行为。加大"宁夏枸杞""中宁枸杞"商标保护力度，助力现代枸杞产业高质量发展，配合"中宁枸杞"商标所有人开展地理标志执法打假行动，共办理侵犯"中宁枸杞"注册商标专用权案件 11 件，罚款 3.3 万元，没收侵犯"中宁枸杞"注册商标的包装袋 4263 个、小包装袋 105 捆、包装盒 4 个、手提袋 50 个、枸杞 75 袋。

二、知识产权非诉纠纷解决机制

2018—2022 年，石嘴山市市场监督管理局（知识产权局）积极健全纠纷调解机制，加快构建多元保护体系。

强化对接会商，共建协调机制。与市中级人民法院、仲裁委员会联合，召开座谈会，三方协商共同推动建立知识产权纠纷诉调对接联络和会商机制，于 2022 年 5 月 6 日出台《关于印发〈石嘴山市中级人民法院、石嘴山市市场监督管理局、石嘴山市仲裁委员会建立知识产权纠纷诉调对接机制的实施意见〉的通知》，推动行政、司法、人民调解三方携手共建。

成立调解委员会，聘请人民调解员。成立石嘴山市知识产权纠纷人民调解委员会，下发《关于成立石嘴山市知识产权纠纷人民调解委员会的通知》，举办揭牌仪式，并指导 3 个基层县区成立相应机构，全市聘请 57 名知识产权人民调解员，成功入驻人民法院诉调对接平台。

建立基层调解服务站，打造调处"一张网"。下发《关于加强知识产权纠纷调解服务工作的通知》，指导分局和市场监管所成立相应的调解机构。目前全市 22 个市场监管所全部建立调解服务站，打造知识产权纠纷调处服务全市"一张网"。

建设各项相关制度，规范人民调解工作。制定知识产权纠纷案件调解员工作制度、知识产权诉调对接工作联席会议制度等 6 项制度，全面规范知识产权人民调解工作。

三、知识产权维权援助

2018—2022 年，石嘴山市市场监督管理局（知识产权局）积极推进开展知识产权维权援助工作，为广大企业权利人维护自身合法权益提供了有力帮助。

在企业建立知识产权保护工作站，打通维权援助"最后一公里"。与石嘴山市公安局联合，选取希望保护且拥有核心商业秘密、一定专利发明数量和注册商标的高新企业建立知识产权工作保护站，制定完善知识产权保护工作站工作职责、知识产权保护工作站联络员制度、保密制度等内部制度规范，先后在宁夏维尔铸造有限责任公司、宁夏日盛高新产业股份有限公司、宁夏东方钽业股份有限公司等 10 家高新技术企业建立知识产权工作保护站，扩大纠纷调处渠道。

建立维权援助中心，提升维权能力。在市政服务大厅商标服务窗口设立中国（宁夏）知识产权维权援助中心政务大厅工作站，为中小微企业搭建一个集法律咨询、状态查询、纠纷调处等功能于一体的服务平台，建立知识产权风险预警机制，提升知识产权维权能力，助力石嘴山市经济高质量发展。

四、地理标志保护

2018—2022 年，石嘴山市在自治区市场监督管理厅（知识产权局）的关心指导下，认真做好地理标志专用标志使用管理与保护工作，指导企业逐步规范地理标志专用标志的使用。石嘴山市现有地理标志 5 件，分别为：大武口凉皮、太西煤、惠农枸杞、平罗沙漠西瓜、石嘴山架豆种子。

"贺兰山东麓葡萄酒"地理标志保护产品 宁夏贺兰山东麓庄园酒业有限公司、宁夏西御王泉国际酒庄有限公司和宁夏玖禧酩庄科技有限公司分别于 2006 年、2021 年、2021 年核准使用"贺兰山东麓葡萄酒"专用标志，均能下载专用标志矢量图。3 家企业销售地理标志产品年度产值分别为 350 万元、400 万元和 300 万元。

"大武口凉皮"地理标志集体商标 该地理标志商标于 2018 年 2 月 14 日由大武口区凉皮协会注册，目前共有 3 家企业、12 家个体户在国家知识产权局商标局登记备案地理标志商标，均已获得商标使用许可备案通知书。宁夏峻铭食品加工有限公司已通过相关审核，获得"大武口凉皮"统一地理标志专用标志矢量图下载权限。在 15 家使用"大武口凉皮"地理标志的经营主体中，13 家位于石嘴山市，2 家位于银川市。大武口凉皮产业已具备一定规模，石嘴山市鲜美佳凉皮有限公司等进驻大武口区食品产业园，刘红梅凉皮等商户在淘宝等平台进行销售，已具有一定的知名度。因疫情防控措施影响，各成员单位年度产值出现不同程度下降，2022 年度总产值 404 万元，同比下降42.3%。

"惠农枸杞"地理标志证明商标　该地理标志于 2017年 6 月 21 日由石嘴山市惠农区农业技术推广服务中心注册。经国家知识产权局公告备案，2020 年许可惠农区枸杞行业协会使用该商标，2021 年度申请使用该地理标志证明商标的机构达到 4 家，分别为惠农区杞红枸杞专业合作社、宁夏灏瀚生物科技产业有限公司、惠农区庙台乡东永固村经济合作社、宁夏蕙民丰农林开发有限公司，尚未获批。2022 年，制定《地理标志证明商标产品惠农枸杞》团体标准，该标准于 2022 年 11 月 15 日正式实施（标准号：T/NAIA 0155—2022；ICS 分类：65.020.01 农业和林业—农业和林业综合）。

"平罗沙漠西瓜"地理标志证明商标　2020 年 6 月 11日，"平罗沙漠西瓜"注册人变更为"平罗县农技协联合会"，经营场所由"石嘴山市"变更为"石嘴山市平罗县高仁乡六顷地村 4 组"。该商标尚未进行备案许可。

2018—2022 年，石嘴山市地理标志保护工作的主要做法及成效如下。

制定保护政策，建立联席机制。成立知识产权工作部门联席会议办公室，以党委政府名义出台《石嘴山市关于强化知识产权保护工作的实施方案》（石党办发〔2021〕35号），每年制定下发年度知识产权工作要点，安排开展知识产权保护"双随机、一公开"监管工作，将地理标志保护列入保护范畴，确定了目标任务，为执法提供政策支持。

强化业务指导，助力申报工作。指导"大武口凉皮""平罗沙漠西瓜"及贺东庄园积极申报自治区地理标志运营试点企业，贺东庄园被确定为2021年自治区地理标志运营试点企业。指导"大武口凉皮""惠农枸杞"更换团体标准。2021年，"大武口凉皮"更换团体标准，形成"大武口凉皮"地理标志集体商标矢量图。2022年，石嘴山市市场监督管理局惠农区分局会同惠农区自然资源局、石嘴山市惠农区农业技术推广服务中心、宁夏计量质量检验检测研究院、惠农区枸杞行业协会等单位召开座谈会，研究制定"惠农枸杞"地理标志产品团体标准，促进该标准于2022年11月15日公布实施。指导"太西煤"办理续展业务，针对"太西煤"商标即将到期且原注册人已注销的事实，与自治区市场监督管理厅（知识产权局）和石嘴山市政府多次沟通，研究解决方案，确定由石嘴山市检验检测中心承接商标续展后的授权、监管等事项，协助第三方做好商标续展业务。

开展执法检查，做好自主品牌保护。2019年，提请自治区市场监督管理厅（知识产权局）在全区开展"大武口凉皮"地理标志保护行动，全市出动执法人员240人次，检查凉皮经营户212家次，对平罗县某凉皮店擅自在其门头使用与"大武口凉皮"注册商标及近似的字体和标识的行为当场责令停止使用。组织开展"盐池滩羊"注册商标专用权保护专项整治行动，2021年"春节元旦"两节期间，全市共检查牛羊肉销售经营户135户次，检查中发现1家经授权经营户的门头牌匾与授权内容不符，执法人员已责令其整改。组织开展"双随机"抽查，对"大武口凉皮"地理标志集体商标注册人存在的使用和许可不规范情况下发责令改正通知书，同时向大武口区政府提出行政建议，规范商标使用行为。开展"彭阳红梅杏"执法行动，强化地理标志保护。安排全市重点对集贸市场、超市、水果零售店等场所的红梅杏销售情况进行排查，共出动执法人员140余人次，检查各类经营主体160余家，未发现擅自使用或伪造地理标志专用标志等违法行为。开展"宁夏枸杞""中宁枸杞"注册商标专用权保护专项整治行动，对辖区内集贸市场及早晚市、水果零售店、大型商超、枸杞经营户进行拉网式排查，现场责令下架60余袋涉及"宁夏枸杞"标识商品，销毁涉嫌侵犯"中宁枸杞"地理标志空纸质及塑料包装袋60个。

加强宣传教育，普及保护知识。2021年，举办一期商标、地理标志培训班，聘请区厅和区外专家为市知识产权工作部门联席会议成员单位、执法人员和各类市场主体等140余人授课。2022年，举办知识产权培训讲座，邀请宁夏大学赵雅洁博士做知识产权专题培训，为知识产权成员单位负责人、市场监管执法人员和试点示范企业、知识产权代理机构进行知识产权知识讲解，取得了良好的效果。加强宣传，利用"4·26"世界知识产权日组织现场咨询和名优商品展示、知识竞赛等活动，大武口凉皮、宁夏大窑饮品有限公司等23家企业及20余家成员单位参加活动，现场悬挂宣传条幅22条，放置宣传展板14块，发放个性化定制的"知识产权小知识"笔记本、手提袋等宣传资料3000余份，现场接受群众咨询500余次。

加强行业自律，规范经营活动。大武口区凉皮协会按照市知识产权局反馈的意见，协助12家门头牌匾字体不规范的商户进行清理，确保规范使用商标。引导大武口居无椒凉皮、伟宗凉皮等4家当地知名凉皮品牌进驻"凉皮美食小镇"，邀请宁夏西粮科技技术咨询中心高级工程师，依据《国家食品安全通用卫生规范》《食品生产许可审查通则》等标准，实地就加工、生产经营环境、装修布局、生产工艺流程、设施设备配备、清洗消毒、原料进货查验等方面进行了点对点、面对面指导，助力经营者有序开展经营活动。

第五节　吴忠市：积极组织实施，打造高效模式

一、知识产权行政服务与促进培育

2018—2022年，吴忠市市场监督管理局（知识产权局）

积极履行拟订和组织实施强化知识产权创造、保护和运用的规划、政策和制度，承担商标、专利、原产地地理标志等知识产权行政服务与促进培育工作，取得了多方面的切实成效。吴忠市已于2017年成功入选"国家知识产权试点城市"，吴忠市金积工业园区入选"国家知识产权试点园区"。

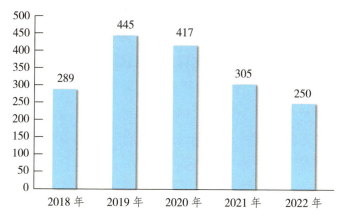

图4　2018—2022年吴忠市商标注册申请量

知识产权工作实现职能调整，知识产权促进运用保护形成科学统一高效运行模式。2017年，原国家工商行政管理总局商标局授权成立吴忠商标受理窗口。吴忠商标受理窗口自2017年10月18日挂牌运行以来，不断内修素质、外树形象，认真履行商标受理与商标咨询工作职责，按照国家市场监督管理总局关于积极推进商标注册便利化改革的精神，充分发挥窗口优势，为申请人提供"一张网、一个窗口、一站式"高效、便捷的服务。通过代收发各类商标注册电子文书以及微信、电子邮箱或现场发送等方式，进一步缩短商标注册电子文书发放时间，确保申请人及时收到相关文书，受到广大群众的好评。至 2021 年，窗口业务受理范围履盖全区 5 个地市及内蒙古等周边地区，窗口工作实绩受到国家知识产权局商标局表扬。"十三五"期间，累计受理商标注册业务 1100 件，其中商标注册申请 764 件、后续业务 336 件，接待商标咨询 2000 余人次。

全市注册商标总量持续增长，品牌战略实施取得显著成效。吴忠市全市注册商标由 2015 年底的 1480 件增长到 2020 年底的 6577 件，增长率为 444%。至 2021 年，全市注册商标总量达 9648 件。截至 2020 年底，全市已拥有中国驰名商标 14 件、地理标志证明商标 5 件、国家地理标志保护产品 2 件、农产品地理标志 26 件；拥有宁夏老字号 4 家、吴忠老字号 5 家，自治区级绿色商场 1 家、绿色饭店 7 家，宁夏优品 34 家；拥有国家级非物质文化遗产项目 3 项、自治区级非物质文化遗产项目 51 项、吴忠市级非物质文化遗产项目 111 项。

专利发展持续稳定，经济带动作用明显。近年来，吴忠市不断优化政策环境，把专利申请和保护作为科技创新工作的一项重要举措来抓，出台了一系列政策措施，组织专门的班子和人员抓专利、促申请，并引进专利中介机构，定期深入企业开展人员培训、专利挖掘、代理申请等服务，解决了企业不知道报专利、不会报专利、不愿报专利的问题，激发企业的创新积极性。"十三五"期间，发明专利授权

291 件，实用新型授权 2596 件，外观设计授权 250 件。至 2021 年，全市每万人有效发明专利拥有量达 3.36 件。全市拥有国家知识产权示范企业 1 家、优势企业 9 家，自治区知识产权示范企业 4 家、试点企业 12 家，自治区专利运营试点企业 2 家，拥有企业专利专员 53 名。专利转化应用为全市企业的发展提供了强大动力，企业的核心竞争力明显增强。2019 年，吴忠市市场监督管理局在接手知识产权管理与保护业务后，积极与市科技局对接，顺利完成了专利监管工作的交接，并结合全市实际，积极开展专利监管服务工作，同时对全市专利发展现状进行调研，起草《吴忠市企业专利发展现状存在问题及对策》调研报告。同时，在全市专利企业中积极开展专利运营试点企业创建工作，共推荐上报自治区级知识产权试点企业 7 家，经自治区知识产权局验收确定 6 家企业为自治区知识产权试点企业；上报专利运营试点企业 2 家。2020 年，继续强化工作督查，对 6 家 2020—2021 年自治区级知识产权试点企业、2 家第二批自治区专利运营企业进行培育、监督和指导，有效提高创新主体知识产权保护、运用能力，充分发挥企业示范带动作用，推动全市创新主体高质量发展。2021 年，指导 6 家自治区级知识产权试点企业、2 家自治区专利运营试点有效实施项目，组织 7 家企业申报 2022—2023 年度自治区知识产权试点企业。2022 年，向自治区推荐 7 家企业申报培优试点工作，其中 6 家企业成功入选。

品牌集群逐步形成，推动供需结构优化升级。代市委政府起草下发《吴忠市特色农产品品牌建设方案》，对获得中国驰名商标的企业一次性奖励 20 万元，获得农产品商标注册的每件奖励 1800 元，调动了各类经济组织申请注册商标和争创品牌商标的积极性。通过调查摸底，筛选历史悠久、地域特色显著、具备一定生产规模的产品列入地理标志商标和集体商标培育库，先后筛选出"吴忠牛奶""吴忠亚麻籽油""盐池黄花菜"等商标作为重点培育对象。全市市场监管系统深入推进商标战略，着力培育和打造吴忠特色产业商标品牌，扩大商品与服务的增值效应，提升企业的知名度、美誉度，为推动供需结构优化升级发挥了积极作用。2019 年，按照国家知识产权局通知精神，吴忠市市场监督管理局积极组织人员，在深入实地走访调研的基础上，编写上报《地理标志运用促进工程项目申报书》，成功推动"盐池滩羊"地理标志入选国家知识产权局工程项目，获得项目资金 50 万元。同时，积极开展自治区级服务业品牌化建设示范项目创建工作，经实地审查推荐上报商标示范项目 11 个，其中"国强手抓"等 5 个商标被确定为自治区级服务业品牌化建设示范项目，每个项目获得资金 50 万元。2021 年，"盐池滩羊"区域品牌价值达 88.17亿元，盐池县获批"盐池滩羊国家地理标志产品保护示范区建设项目"，"盐池滩羊"进入国家知识产权局第一批地理标志运用促进重点联系指导名录；"国强"等 5 个自治区服务业品牌化示范项目继续推进实施并得到评估。指导、受理"吴忠早茶"集体商标注册申请，对"吴忠早茶"

团体标准和《吴忠早茶商标与知识产权管理规范》提出合理化修改建议，努力打造"吃在吴忠"亮丽名片。指导 5 家企业申报自治区服务业品牌化示范项目单位。组织 4 家企业申报自治区地理标志运营试点企业，其中 2 家获批。帮助辖区内 2 家企业办理商标质押融资业务，涉及贷款金额 7880 万元，有效解决了企业融资难的问题。2022 年，针对人大代表建议、政协委员提案，加强地理标志保护，推动"盐池滩羊国家地理标志保护产品示范区"建设工作方案，组织召开"盐池滩羊"国家地理标志产品保护示范区建设工作推进会 1 次，印发《"盐池滩羊"国家地理标志产品保护示范区建设分工方案》，进一步细化了各单位的工作职责，实行季度小结、半年总结、年度报告制度，有效推动示范区建设工作落实落细，"盐池滩羊"地理标志促进运用工程项目被国家知识产权局验收为优秀项目。对 6 家知识产权试点企业、2 家地理标志促进运用企业、2 个商标品牌指导站项目建设单位开展督导检查，推动相关工作，宁夏瑞牧盐池滩羊购销有限公司获评自治区"地理标志运用试点企业优秀单位"，盐池县滩羊产业发展协会被确定为自治区商标品牌指导站，分别获得 20 万元专项资金补助。目前，吴忠市全市已初步形成了 10 个产业商标品牌集群，包括：（1）以"嘉禾雪""塞外香""法福莱""君星坊""伊盛达""国军""吴忠牛乳""吴忠亚麻籽油""盐池黄花菜""扁担沟苹果""马家湖西瓜""金银滩李子"等为代表的特色农产品品牌群；（2）以"盐池滩羊""涝河桥""羊把式"为代表的特色畜牧业产品品牌群;(3)以"夏进""老苗""老爷子"为代表的食品品牌群;(4)以"国强""杜优素""明天生活""百草滩"为代表的餐饮业品牌群;(5)以"罗山""粉红佳荣""千红裕""御马干红""禹皇"为代表的葡萄酒产业品牌群;(6)以"黄河楼""牛家大院"为代表的旅游业品牌群;(7)以"万绵旒""精熠""祥云皮草""花马池""帝旺""东昇嘉俐""伊兰馨""马塞伊德"为代表的纺织品品牌集群;(8)以"吴忠仪表""QTX 铝锭""鲲鹏""青龙管业"为代表的重工业品牌群;(9)以"塞上巨星""宏旗""塞上阳光"为代表的机电工业产品品牌群;(10)以"仁宝张氏""张氏回医正骨"等为代表的医药业品牌群。2019年,"国强""杜优素""鑫茂祥""黄河楼""百草滩"荣获自治区服务业品牌化建设示范项目;"吴忠亚麻籽油"成为全国首个亚麻籽油地理标志产品,"盐池黄花菜"荣获"2017 全国果蔬产业绿色发展百佳地标品牌"和"2017全国十佳蔬菜地标品牌"荣誉称号。

地理标志保护稳步推进,品牌助推脱贫成效明显。"盐池滩羊"证明商标品牌对盐池县全县农业农村经济发展起到了巨大的促进作用。仅 2019 年,盐池县就帮助 11193 户贫困户、32529 贫困人员脱贫,全县累计减少贫困群众 4.2万人,实现了一户不落全部脱贫的目标。农民人均可支配收入由 2010 年的 3669 元增加到 2019 年的 11859 元,以滩羊为主导的特色优势产业对农民增收的贡献率达80%以上。

"盐池滩羊肉"先后入选国宴食材，被选为G20峰会、金砖五国峰会、上合峰会、达沃斯文化晚宴等国宴用肉，获得中国百强农产品区域公用品牌称号，经中国品牌建设促进会评估，品牌强度达898、品牌价值达68亿元。2017年，"盐池滩羊"地理标志证明商标入选"商标富农和运用地理标志精准扶贫十大典型案例"，吴忠市入选"全国十大地理标志商标精准扶贫典型市"。"同心圆枣"形成地理标志证明商标品牌后，通过"公司＋基地＋合作社＋农户"的模式，以订单形式鼓励农户积极发展同心圆枣产业，给圆枣种植户和加工企业带来了实实在在的经济利益，带动了2000多贫困人口脱贫。"青铜峡大米"品牌形成后，带动了当地及周边4000多贫困人口实现就业，推动了优质粮食产业向规模化、集约化发展，促进了优质大米产品的转化升值。

二、知识产权行政执法

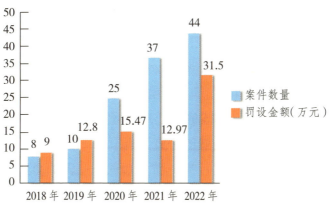

图5　2018—2022年吴忠市知识产权侵权假冒案件办理情况

2018—2022 年，吴忠市市场监督管理局（知识产权局）积极组织和指导市场监管综合执法工作、监督管理市场秩序，在专利、商标、地理标志、特殊标志保护等领域全面严格执法，取得了切实成效。

2018—2019 年　吴忠市市场监督管理局（知识产权局）积极构筑市、区县、乡镇三级商标执法网络，实施对商标印制、生产、流通全过程的监管，畅通监督举报网络体系，加大对地理标志的保护力度。按照自治区市场监督管理厅（知识产权局）要求，先后 3 次开展打击侵犯"盐池滩羊"注册商标专用权专项行动，共拆除涉嫌侵犯"盐池滩羊"商标专用权的店堂牌匾 31 家，立案查处侵犯"盐池滩羊"商标专用权案件 8 件。共查办商标侵权案件 18 起，涉及酒类、洁具、化肥、润滑油、饮料、建筑材料、化工产品、床上用品、服务商标等 9 个大类、16 个品种，案值达 22359.45 元，罚没款 21.8 万元，有效保护了辖区内的注册商标专用权。2019 年 1 月，吴忠市破获一起销售假酒假烟案件，捣毁位于银川、吴忠的制售窝点 3 处，查获"茅台""五粮液"等 10 余类假冒白酒 775 箱，查获"中华""南京"等各类假冒卷烟共计 124 条，涉案价值达 200 余万元。

2020 年　强化对 5 家获得自治区 2019—2021 年度业务品牌化示范单位的企业的督查力度，保障其发挥示范带动作用。严查假冒侵权行为，加大知识产权保护力度，认真开展知识产权执法"铁拳"行动、"蓝天"行动，开展代理机构自查行动、"大武口凉皮"地理标志证明商标保护专项行动、"彭阳红梅杏"地理标志保护产品专项行动等执法活动。全市共立案查处商标侵权案件 22 起，罚没款达 15.47 万元；查处专利侵权案件 3 起，涉及农业机械专利侵权，当事双方达成协议，侵权方停止侵权行为。

2021 年 组织开展严格规范专利申请行为、知识产权代理行业"蓝天"专项整治行动，摸排检查含有或可能涉及知识产权代理业务的经营主体 13 家，责成 17 个申请人撤回不规范的专利申请 63 件。开展打击商标恶意抢注专项行动，查处 1 起商标恶意抢注案件。开展"盐池滩羊""中宁枸杞"等地理标志证明商标专用权保护行动等执法活动，责令拆除违规门头牌匾 16 块，签订《"盐池滩羊"注册商标专用权保护承诺书》42 份，查处侵犯"中宁枸杞"地理标志的案件 5 起。开展行政执法"铁拳"专项行动，立案查处知识产权案件 37 起，结案 37 起，收缴罚没 12.97 万元，其中结案商标侵权案件 32 起、专利侵权纠纷 4 起、专利标识标注不规范案件 1 起。处理 3 起商标侵权纠纷，责令 2 家医院变更与知名商标同名的企业字号，及时制止侵权行为。维护 1 家企业名称在先权利，有效维护权利人的合法权益。

2022 年 继续加强执法办案，扎实开展专项整治。全市全年共查办涉专利、商标、地理标志、特殊标志保护等知识产权违法案件 44 件，比上一年度增长 20%，罚没款 31.5 万元。其中，办理商标侵权、地理标志侵权、特殊标志保护案件 36 件，办理假冒专利 2 件，办理专利侵权纠纷案件 6 件，比上一年度增长 50%。根据上级部门安排，组织开展北京 2022 年冬奥会和冬残奥会奥林匹克标志知识产权保护专项行动，累计出动执法人员 1600 人次，组织开展宣传活动 25 场次，开展专项检查 252 次，检查各类经营户 1250 家次，立案查处案件 4 起，其中销售侵权商品案件 3 起、商标恶意注册案件 1 起，没收侵犯北京 2022 年冬奥会吉祥物"冰墩墩"特殊标志专用权的钥匙挂件 7 个、毛绒挂件 33 个、胸针 10 个、饰扣 17 枚，立案查处宁夏大河之洲生物科技有限公司恶意申请与冬奥会已注册商标"冰墩墩"近似的"杞墩墩"商标案，处罚 3000 元。集中开展"彭阳红梅杏"地理标志保护专项保护行动，未发现辖区内有侵犯"彭阳红梅杏"地理标志的违法行为。组织开展涉枸杞地理标志知识产权保护线上线下一体专项行动，出动执法人员 242 人次，检查农贸市场 16 个、大型商超 27 家、枸杞生产经营市场主体 274 户、网店 6 家，查处 1 起侵犯"中宁枸杞"注册商标专用权案件，没收侵权枸杞 10 袋，罚款 1000 元。查处侵犯"盐池滩羊"注册商标案件 3 起，没收侵权包装 60 个，罚款 5000 元，其中 1 起案件被自治区市场监督管理厅（知识产权局）公布为第一季度全区知识产权典型案例。移送银川市、石嘴山市"盐池滩羊"注册商标侵权线索各 1 条；向自治区市场监督管理厅（知识产权局）报送黄河流域 9 省区地理标志相关侵权线索，提供"盐池滩羊"商标在西安市部分农贸市场被侵权的线索，协助自治区市场监督管理厅（知识产权局）向陕西省知识产权局发送了《关于商请协助调查西安市部分农贸市场销售假冒"盐池滩羊"地理标志产品的函》，在区内外形成了"盐池滩羊"地理标志保护的协作机制；在相关执法专项行动中，全市市场监管部门累计出动执法车辆240台次、执法人员522人次，检查农贸市场、大型超市、牛羊肉店、餐饮经营户725家次，及时警示违规行为，严肃查处违法案件。组织开展禁止销售"军"字号烟酒等商品专项行动，责令下架标有"中国人民解放军陆军"字样的水杯5个、标有"军"字字样的手提袋3个。继续扎实开展知识产权代理机构"蓝天"行动，开展3次非正常专利申请核查处置，核查非正常专利申请企业60家、自然人37人、案件210件，涉及42家代理机构。组织开展商标使用行为、专利真实性、商标代理机构行为"双随机、一公开"抽查，共抽查企业39家，未发现违法违规行为。吴忠市公安局成功破获穆某等人生产、销售伪劣产品案，抓获犯罪嫌疑人12名，现场扣押伪劣柴油及原材料650余吨，冻结银行资金1700余万元。

三、知识产权维权援助

2018—2022年，吴忠市市场监督管理局（知识产权局）推动建立知识产权联合保护机制，与市中级人民法院签订《知识产权司法保护和行政执法衔接合作协议》，同市公安部门共同建立"知识产权保护企业维权警务室"3个、"知识产权维权援助站"1个、"商标品牌指导站"2个、"商业秘密保护联络点"1个，指导"吴忠严选"等2家电子商务平台建立知识产权保护工作规则。在中国（宁夏）知识产权维权援助中心支持指导下，分别在利通区、盐池县设立了2家知识产权维权援助中心、维权援助工作站，开展知识产权保护和运用宣传培训工作。

四、地理标志保护

2018—2022年，吴忠市把培育发展运用地理标志作为服务精准脱贫和区域经济发展的重要抓手，有力促进地方经济发展和农民脱贫致富。吴忠市市场监督管理局（知识产权局）认真贯彻落实自治区市场监督管理厅（知识产权局）《关于做好地理标志专用标志使用管理与保护的通知》要求和部署，按照《地理标志专用标志管理办法（试行）》的相关规定，围绕实施知识产权战略，履行知识产权促进运用保护职能，不断强化地理标志保护工作，主要工作措施如下。

积极挖掘特色产业，重点培育地理标志商标及保护产品。先后筛选出"吴忠牛奶""吴忠亚麻籽油""盐池黄花菜""同心荞麦""同心银柴胡""红寺堡黄花菜""青铜峡连湖西红柿"7件产品作为地理标志重点培育对象。吴忠市现有地理标志共7件，包括地理标志保护产品2件（盐池滩羊、同心圆枣），地理标志证明商标5件［盐池滩羊（第29类）、盐池滩羊（第30类）、同心圆枣、青铜峡大米、盐池甘草］。2018年，积极协调，将"吴忠牛奶""吴忠亚麻籽油"载入《吴忠年鉴》，为申报地理标志证明商标奠定基础。2019年至今，持续积极申报地理标志保护产品和地理标志证明商标，共向国家知识产权局申报地理标志产品保护3件（同心银柴胡、同心荞麦、盐池甘草），其中一件（同心银柴胡）被驳回，两件（同心荞麦、盐池甘草）正在等待审查中；申报地理标志证明商标3件（盐池黄花菜、红寺堡黄花菜、青铜峡连湖西红柿），其中2件被驳回（红寺堡黄花菜、青铜峡连湖西红柿），一件正在等待实质审查；向国家知识产权局提出"红寺堡黄花菜"商标驳回复审申请，目前处于驳回复审中。

开展摸排清查，加强日常监管。组织各县（市、区）局开展地理标志保护产品专用标志使用企业、地理标志证明商标许可备案企业情况摸排工作，登记造册，加强日常监管。截至目前，全市共有地理标志保护产品专用标志使用企业23家，"盐池滩羊"地理标志证明商标许可备案企业达到87家。在摸排工作中，对2家连续2年以上不使用地理标志专用标志的企业，于2023年2月向自治区市场监督管理厅（知识产权局）提交专用标志注销申请；对3家新获准企业在使用地理标志专用标志中存在的地理标志名称、证明商标及商标注册号、批准公告号没有同时标注或者标注不全的不规范使用现象，通过当面指导和下发督查情况反馈的方式，规范企业正确使用专用标志。

出动执法人员，开展专项整治。组织开展知识产权执法"铁拳"行动、代理机构"蓝天"行动、"盐池滩羊""中宁枸杞""彭阳红梅杏"等地理标志保护专项行动，在整治行动中，共出动执法人员 1465 人次，检查农贸市场、大型商场等重点领域市场主体 2620 户次，拆除擅自使用"盐池滩羊"字样的门头牌匾 9 家，查处侵犯"盐池滩羊""中宁枸杞"地理标志商标专用权的案件 11 起，收缴罚没款 1.3 万元。一起侵犯地理标志注册商标专用权案件入选 2022 年度自治区知识产权行政保护典型案例。

第六节　中卫市：推进商标战略，提升服务能力

一、知识产权行政服务与促进培育

图 6　2018—2022 年中卫市专利授权量与商标注册量

2018—2022 年，中卫市市场监督管理局按照自治区市场监督管理厅（知识产权局）业务主管部门工作安排部署，不断加大知识产权行政服务与促进培育工作力度，大力实施商标战略，保护注册商标专用权，积极营造良好的发展环境和

营商环境，圆满完成了各项工作任务。主要工作措施如下。

拓展服务渠道，提升服务能力。为企业及群众提供专利申请和商标注册便利化服务，2022年，积极协调自治区市场监督管理厅（知识产权局）在中卫市设立国家知识产权局宁夏业务受理窗口中卫咨询服务点，为中卫市及周边地区企业申请办理商标、专利申请注册业务提供便捷渠道。

大力推动以企业为主体的知识产权创造和运用工作，促进专利创造提质增量。认真宣传自治区有关知识产权的奖励政策，引导企业积极申报各类知识产权试点、示范项目，有力促进了中卫全市知识产权申请量的快速增长，知识产权对全市经济增长的贡献率大幅提升。2020年，为鼓励科技人员创新创业、促进高新技术成果转化，对2015—2019年符合补助条件的发明专利重新进行梳理，对拟补助专利企业提交的资料进行审核，撰写审核报告，提交市政府并通过审核予以补助，共计补助资金31.65万元。另外，根据自治区财政厅下达的知识产权补助资金预算通知文件精神，及时足额支付2019年中卫市知识产权补助资金63.5万元、2020年中卫市知识产权补助资金103万元。为改善企业技术创新能力薄弱、部分企业处于零专利状态、全市专利申请量较低的现状，加强与知识产权专利代理机构的对接，深入企业提供专利技术、知识产权贯标认证、商标注册、知识产权保护等方面的指导服务，提高企业对知识产权自主创新的积极性和研发能力。2021年，中卫市知识产权专项补助资金达151万元，其中发明专利26万元、中国专利奖补助 10 万元、试点示范补助 20 万元、管理体系认证补助 95 万元。全市全年授权专利达 1050 件（其中发明专利 55 件、实用新型专利 961 件、外观设计专利 34 件），有效发明专利累计达 369 件，同比增长 6.34%；每万人发明专利拥有量达 3.43 件。宁夏紫光天化蛋氨酸有限责任公司的有效发明专利达 58 件，进入宁夏拥有有效发明专利权人前 15 名。

加强商标与地理标志品牌培育工作与品牌建设，引导企业树立品牌意识。全市全年注册商标累计达 12197 件，马德里注册商标达 2 件，拥有地理标志证明商标 3 件（中宁枸杞、中宁圆枣、海原回绣），地理标志保护产品 1 件（香山压砂西瓜），农产品地理标志保护产品 9 件，中国驰名商标 6 件。在商标的培育发展上，积极引导、帮扶广大生产经营主体树品牌，鼓励企业申请注册商标。同时，重点围绕特色优势产业，加强品牌培育，打造一批拥有自主知识产权、具有较强市场竞争力和知名度的品牌企业，通过品牌带动，驰名商标、著名商标企业在全市发挥了引领作用，推动了产业集聚，带动了区域经济的发展。开展驰名商标、地理标志证明商标使用、保护情况调研，引导企业开展服务业品牌化建设示范项目。2018 年，指导中卫市沙坡头果业有限公司申报农产品地理标志，指导中卫市林业技术推广服务中心注册"中卫苹果"地理标志证明商标，并向国家知识产权局商标局申报。指导宁夏兴拓现代农业有限公司和中卫万齐职业技能培训学校申报"2018 年度服务业品牌化建设示范项目"。2019年，指导宁夏夏华餐饮服务公司和中宁县爱家商贸有限公司申报"2019年度服务业品牌化建设示范项目"，经审查考核，宁夏夏华餐饮服务公司入选自治区"2019年度服务业品牌建设示范项目"。2020年，组织辖区专利企业申报专利信息帮扶项目，对企业申请使用"宁夏枸杞"地理标志专用标志材料进行审核上报。2021年，为进一步规范"中宁枸杞"地理标志商标的管理和使用，维护中宁枸杞品牌影响力，提升枸杞产品的市场竞争力，保护和传承好中宁枸杞文化，印发《关于成立〈传承中宁枸杞文化保护中宁枸杞品牌的决定（草案）〉起草领导小组的通知》，明确工作职责，落实工作任务，确保草案撰写落实到位，中卫市市场监督管理局主要领导带队到中宁县进行调研，力求从实际出发，充分了解中宁枸杞品牌保护中存在的问题，以及相关部门对中宁枸杞品牌保护及发展的意见建议，保证草案撰写的科学性和民主性。2022年，助力申报"中卫牛奶""中卫牛肉"地理标志证明商标，进一步充实中卫市区域公用品牌。

加快知识产权优势企业培育，提升企业核心竞争力。积极培育知识产权试点、示范企业，提高企业运用知识产权制度的能力和水平，把知识产权制度贯彻到企业管理、创新、市场等各个方面，促进企业知识产权战略和创新驱动发展战略的融合，提升企业核心竞争力。2019年，新申报自治区知识产权试点企业6家，并组织对申报企业的走访调研，审核通过5家。2021年，指导9家企业开展2021

年自治区地理标志运营试点企业申报推荐工作，6家企业目前已被批准为自治区地理标志运营试点企业。2022年，发挥政策引领作用，组织申报知识产权专项资金补助项目2件，其中知识产权运用1件、知识产权创造1件；培育知识产权试点企业6家，6家企业申报专利导航项目，3家企业被列入2022年宁夏专利导航拟立项项目。中宁县工业园区入选国家级知识产权强国建设试点园区，宁夏中宁国际枸杞交易中心被确定为宁夏回族自治区商标品牌指导站，2家地理标志试点企业被认定为优秀地理标志运营试点企业，早康枸杞股份有限公司入选2022年国家知识产权优势示范企业。截至2022年，共培育国家级知识产权示范企业2家、国家级知识产权优势企业6家、自治区级知识产权示范企业3家、自治区级知识产权试点企业16家。

二、知识产权行政执法

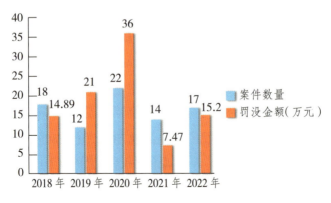

图7 2018—2022年中卫市商标侵权案件办理情况

2018—2022 年，中卫市市场监督管理局按照自治区市场监督管理厅（知识产权局）业务主管部门工作安排部署，先后组织开展农村假冒伪劣产品专项治理行动、打击地理标志侵权专项行动、保护商标专用权专项行动等，取得了良好的工作成效。主要工作措施如下。

加大商标专用权保护力度，严厉打击商标侵权行为。2018 年，按照自治区市场监督管理厅（知识产权局）《关于做好 2018 年春节期间打击侵权假冒工作的紧急通知》的要求，组织开展打击商标侵权和假冒伪劣专项行动，高度重视、集中力量、突出重点，积极开展节前市场监管工作，严厉打击制售假冒伪劣商品违法行为，共办理商标侵权和假冒伪劣案件 18 起，罚没款 14.89 万元。加强对驰名商标的保护，重点组织开展"香山硒砂""中宁枸杞""盐池滩羊"注册商标专用权专项行动，制定下发《"香山硒砂"打假维权专项整治工作方案》，和市农牧局、公安局配合开展"香山硒砂"打假维权专项检查，收回过期旧标识 13 万枚，没收侵权假冒标识 8 万余枚。在"盐池滩羊"专项整治中，责令 4 家未经许可擅自使用"盐池滩羊"标识的单位进行整改，进一步规范了市场经营行为，杜绝了侵权假冒行为的发生，增强了社会公众对"盐池滩羊"注册商标的保护意识。组织开展未注册商标违反《商标法》禁用条款"净化"专项行动，经排查，中卫市所列 18 件商标线索中未发现违法使用情况。2019 年，中卫市委、市政府联合自治区市场监督管理厅（知识产权局）在区内及区外市场、电商市场同步开展保护"中宁枸杞""中卫硒砂瓜"等地理标志、证明商标专项行动，在9省14市抽检样品151批次，扣押违规外包装及标识标签130万个、假冒硒砂瓜9吨，查处案件11起，罚没款20.6万元。强化农村和城乡接合部市场监管执法，严厉打击农村地区"三无""过期变质""商标侵权""傍名牌"等违法行为，组织开展农村市场假冒伪劣专项整治行动，排查出涉嫌傍名牌的白酒"小五粮""剑南醇"，涉嫌仿冒"劲酒"的"劲之健酒"，仿"特仑苏"牛奶的"特仑牧场"牛奶，仿"可比克"薯片的"可比特"薯片，"好吃点"饼干等侵权商品，查出涉嫌仿冒"阿迪达斯""耐克"等品牌运动鞋17双、帽子14个、服装165件，全部责令下架退市。责令3家未取得商标持有人授权、擅自使用商标作为字号名称的经营户变更字号名称。共办理商标侵权案件12起，罚没款21万元，其中沙坡头区6起、中宁县5起、海原县1起，农村市场乱象基本得到遏制。2021年，先后开展"盐池滩羊"注册商标专用权保护专项整治、"中宁枸杞"地理标志证明商标注册专用权保护行动等工作，累计检查农贸市场11家次、经营户238家次、商超15家次，对侵犯商标专用权行为进行有力有效的警诫和制止。同时，畅通消费者投诉举报渠道，及时处理纠纷、化解矛盾，对违法违规行为立案严惩，累计核查处理相关投诉5起，办理商标侵权案件14起，罚没款7.47万元。

开展地理标志及奥林匹克标志使用情况专项检查，严格依法处置地理标志及奥林匹克标志相关违法行为。2019

年，通过调查摸底，摸清地理标志使用情况底数，建立本地区市场主体地理标志管理台账，全面掌握本地区地理标志使用情况。通过对辖区地理标志的日常监督检查，确保现有地理标志在取得相应的资质下合理使用；对于监督检查中发现的擅自使用、假冒、伪造地理标志的专用标志，或者使用与专用标志相近、易产生误解的名称或标识，以及可能误导消费者的文字或图案标志等地理标志侵权行为等，依法依规严格做好处置工作，净化地理标志使用市场环境。通过专项检查，发现未经许可使用"中宁枸杞"地理商标的行为3起，查扣各类违法违规枸杞包装物6万余只。2020年，建立高效的投诉处理机制，畅通社会监督渠道，重视群众质量诉求，充分发挥12315、12331等投诉举报网络作用，确保投诉举报问题及时受理、快速处置，对7起涉及硒砂瓜的侵权行为投诉进行调查和回复。2022年，进一步做好"中宁枸杞"品牌保护工作，线上线下同步清理整治违法违规行为，全市排查各类枸杞经营户246家次，对全市88家网上经营户全面检查，进一步规范网上经营行为，同时针对拼多多、淘宝等网站上的涉嫌侵权行为，通过发函移交相关问题线索等方式，督促平台切实履行主体责任。加大冬奥会、冬残奥会知识产权保护工作，在全市范围开展北京2022年冬奥会和冬残奥会奥林匹克标志知识产权保护专项行动，制定印发工作方案，明确工作要求，各县区市场监督管理局积极落实，将专项行动与日常监管工作有机结合起来，检查各类经营主体282家次，营造了良好的奥林匹克标志知识产权保护氛围。

增强部门协调联动，强化知识产权行政执法力度。通过知识产权保护专项行动，进一步加强中卫市的知识产权保护工作，使商标侵权、专利侵权假冒的现象得到有效遏制。2018年，根据自治区工商局《关于开展打击商标侵权"溯源"专项行动方案》的通知精神，对辖区内驰名著名商标企业的商标被侵权情况进行调查，建立联合打假机制，收集跨区域商标侵权案件线索，并报自治区工商局协调查处。2019年，根据自治区市场监督管理厅（知识产权局）《2019年度宁夏知识产权执法保护专项行动方案》的要求，结合中卫市实际，制定《2019年中卫市知识产权执法保护专项行动方案》，对知识产权保护工作进行全面安排部署。重点组织开展"香山硒砂"打假维权专项行动，区外打假组赴北京、重庆、武汉、陕西等主销市场开展打假维权行动，与目的地市场监管部门联合检查大型批发市场5个、包装印刷企业10家、电商平台1家，发现假冒中卫产地硒砂瓜的摊位84家、摘除冒贴商标5000余枚、包装箱350个、扣押6种未经授权私自印制、销售的硒砂瓜标识近30万枚、包装箱3000多个，下架电商平台上105种未经授权的硒砂瓜标识相关商品。区内打假组重点对沙坡头旅游景区、马路摊点、银川四季鲜批发市场、新百超市、兴仁镇等地开展维权打假行动，共检查扣押未经授权私自印制、销售的硒砂瓜标识5种42万枚，摘除假标识2000余枚，对发现印有"抗癌""抗衰老"等字样、涉嫌虚假宣传的14条不合格条幅现场责令摘除，使商标侵权、专利侵权假冒的现象得到有效遏制。2020年，联合市农业农村局、市公安局重点组织开展"香山硒砂""中宁枸杞"打假维权专项行动，区内发现涉嫌违规使用"中宁枸杞"包装箱的经销商12户，共扣押涉嫌侵权标识30.32万枚，摘除不合格标识7.95万枚，查扣过期标识79.2万枚，并组织进行销毁。对7起涉嫌侵犯"中宁枸杞"商标专用权的行为和4起擅自印制"香山硒砂"标识的行为进行立案查处。赴长沙、厦门、广州、上海、重庆、成都等硒砂瓜主要销售地，开展硒砂瓜维权打假专项行动，联合当地市场监管部门共同检查大型批发市场10家、商超4家，协调当地市场监管部门立案查处涉嫌侵权案件1起，收缴、撕毁过期硒砂瓜标识18000余枚。组织两县局、市局各分局开展"大武口凉皮""主席"商标使用情况排查等地理标志、商标专用权保护专项行动，共办理商标侵权案件22起，罚没款36.3259万元。

着力打击专利、商标恶意抢注行为，规范知识产权代理机构经营秩序。2021年，开展打击商标恶意抢注行为专项行动、"蓝天"专项整治行动，对全市3家商标代理机构进行监督检查，进一步规范经营行为，着力为企业做好各类知识产权服务咨询工作。2022年，继续加大对非正常专利申请、恶意注册商标等行为的打击力度，严厉打击不以保护创新为目的的非正常专利申请行为，对国家知识产权局核查出的中卫辖区内的199件非正常专利申请进行核查处理，责令相关专利申请人主动撤回专利申请，并责令相关专利代理公司提交整改报告。

创新行政执法监管手段，强化知识产权队伍建设。通过对商标、专利等知识产权实行"双随机、一公开"监管，增强市场主体的信用意识和主体责任，规范执法行为，减少对市场主体正常经营活动的干预，避免多头执法、重复检查，提高监管效能。完善知识产权保护工作机制，加强对全市知识产权工作的宏观管理和协调工作，建立健全内部管理制度，加大知识产权工作培训力度，不断提高工作人员的专业素质和业务能力，增强企业自身申报专利的水平。2022年，根据自治区市场监督管理厅（知识产权局）"双随机"工作任务安排，负责派发广告、商标、专利"双随机"检查任务145家次，其中专利真实性"双随机"检查企业6家、商标"双随机"检查企业16家。

加强专利侵权行政裁决，开展宣传教育工作。积极深入园区、企业等创新主体进行专利保护宣讲，不断提高企业维权意识，对全市专利授权量较多的知名企业开展集中宣讲、个别指导，积极寻找侵权案源。目前，中卫市暂未发现专利侵权案件。

三、知识产权非诉纠纷解决机制

2018—2022年，中卫市市场监督管理局进一步完善中卫市知识产权制度，强化知识产权保护，调动社会力量参与知识产权保护治理，推进知识产权社会共治，形成知识产权矛盾纠纷多元化解的"大保护"格局。2021年，联合中卫仲裁委员会成立中卫市知识产权纠纷调解委员会，印发《建立知识产权民事纠纷仲调对接机制的意见》，推进诉调对接、调判结合，充分利用信息化手段，加强知识产权案件调解、审判工作，积极化解纠纷，依法保护当事人合法权益。

四、知识产权维权援助

2018—2022年，中卫市市场监督管理局通过设立工作站、指导站、保护站等方式，积极为辖区内企业提供知识产权维权援助服务。2021年，在中卫市设立中国（宁夏）知识产权援助中心宁夏锐盛明杰知识产权咨询有限公司维权援助工作站；建立2个商标品牌指导站（宁夏锐盛明杰知识产权咨询有限公司商标品牌指导站、中宁国际枸杞交易中心商标品牌指导站）；联合市公安局在辖区内的高新技术企业成立5个知识产权保护站。

五、地理标志保护

2018—2022年，中卫市持续加强对地理标志的保护，主要工作措施如下。

印发政策文件，开展专项整治。印发《2020年中卫硒砂瓜和中宁枸杞维权打假方案》《2020年中宁枸杞市场专项整治及维权打假行动方案》《关于开展"中宁枸杞"地理标志证明商标注册商标专用权保护行动的通知》《开展宁夏枸杞等地理标志知识产权线上线下一体专项行动的通知》等，不断强化地理标志知识产权保护。中卫市现有地理标志证明商标 3 件（中宁枸杞、中宁圆枣、海原回绣），地理标志保护产品 1 件（香山压砂西瓜），农产品地理标志 9 件（南长滩大枣、南长滩软梨子、中卫硒砂瓜、沙坡头苹果、中宁硒砂瓜、中宁枸杞、海原硒砂瓜、海原小茴香、海原马铃薯）。此外，"沙坡头苹果""中卫牛奶""中卫牛肉"地理标志正在积极申报中。

加大地理标志试点企业培育，给予资金补助支持。2021 年，中卫市全市申报地理标志试点企业 6 家，在中宁国际枸杞交易中心设立商标品牌指导站，助力中宁枸杞品牌保护。积极协调自治区市场监督管理厅（知识产权局）对商标品牌指导站、地理标志试点企业补助知识产权资金 60 万元。

强化政策法规宣传培训，提升地理标志保护意识。中宁县根据中宁特定自然生态环境、历史人文因素，对"中宁枸杞"区域公用品牌进行策划，强化品种品质和品牌授权管理，联合农业农村、自然资源、枸杞产业发展服务中心、中宁枸杞产业协会等部门单位，深入枸杞苗圃基地、中宁国际枸杞交易中心、企业车间等，统一宣传用语、营销术语，规范包装物使用管理，利用各种手段向全县广大枸杞经营主体开展政策法规宣传、测土配方施肥、安全用药技术等宣传教育和技术培训活动。目前共设置大型宣传牌 2 块、喷绘标语 30 块，发放各种宣传资料 7000 余份，现场受理群众咨询 400 余人。重点组织开展知识产权宣传周活动，通过微信公众号推送文章、设置宣传台咨询、现场发放《中华人民共和国商标法》《地理标志保护规定》等法律法规读本等多种形式，向来往群众讲解地理标志保护及商标相关法律知识，进行普法教育，进一步提高社会公众保护地理标志的意识。组织召开中宁县知识产权保护工作培训会、中宁枸杞质量安全及品牌保护会、知识产权保护暨中宁枸杞地理标志管理使用培训班、中宁县地理标志运营试点企业工作指导推进会等，规范企业正确申请使用"中宁枸杞"地理标志证明商标，提高知识产权保护意识和能力。培训指导中宁国际枸杞交易中心成功申报自治区商标品牌建设指导站，更好为中宁县企业开展商标侵权保护、商标申请及品牌建设提供服务。组织召开中宁县枸杞生产经营户集中行政约谈会3次，签订枸杞产品质量安全承诺书113份，引导新型经营主体将经营理念、企业文化和价值观念等注入企业品牌，以"区域公用品牌＋企业品牌"模式，实行"以地定产，以产核标"，坚决杜绝"少产多卖"，提升"中宁枸杞"的对外知名度、消费者认可度、市场竞争力。

注重品牌培优，维护品牌形象。积极发挥品牌带动效应，着力提升"中宁枸杞"品牌核心竞争力和附加值。制定品牌战略规划，坚定品牌发展方向，编制《中宁枸杞公用品牌发展战略规划（2020—2025）》，确定"中宁枸杞甲天下"的核心价值。完善"区域公用品牌＋企业品牌＋商品品牌＋个人品牌"的品牌营销模式，形成聚集效应，持续打造"中宁枸杞"品牌形象。广泛开展品牌宣传推介，提升品牌知名度，利用机场、高铁站台、火车站等重点重要场所，设立广告牌、广告橱窗，并借助媒体平台渠道在报刊、广播电视台和微信公众号等网络平台进行线上宣传。采取"政府搭台、市场运作、企业参与"的办法，由县委、政府主要领导亲自带队，先后在成都、广州、杭州、上海等大中城市举办中宁枸杞推介会 30 余场次，影响力逐步扩大。

大力打击侵权行为，持续强化品牌保护。严厉打击侵犯"中宁枸杞"商标专用权行为，全市立案 14 起，罚没款 1.7 万元，没收一批假冒"中宁枸杞"商标的各类包装物。中宁县开展"中宁枸杞"商标电商平台维权打假行动，保护"中宁枸杞"的品牌形象和信誉。2019 年，中宁县枸杞产业发展服务中心同市场监督管理局奔赴银川、石嘴山、中卫等市区，联合当地市场监管部门开展"中宁枸杞"品牌打假维权专项整治行动，共检查市场 5 处、大型商超 8 处、枸杞专卖店、商铺 126 家、中宁枸杞专柜 12 户，打掉专门批发销售各种涉"中宁枸杞"违法违规包装的经营户 6 家，没收各种侵权包装物 16 万余只（盒、袋），立案 19 起，发放中宁枸杞证明商标使用管理规则 213 份。2020 年，中宁县市场监督管理局联合公安、枸杞产业发展服务中心相关人员组成专案组，开展市场整治及商标维权打假行动，打掉专门批发销售涉"中宁枸杞"违法违规包装物的经营户 6 家，没收各种侵权包装物 16 万余只（盒、袋），立案查处侵犯"中宁枸杞"注册商标专用权的案件 13 起，共罚款 3.3 万元，查处并关闭假冒"中宁枸杞"的微信公众号账号5个，要求非商标注册人授权坚决不准使用"中宁枸杞"商标开设旗舰店。2021年，提请自治区市场监督管理厅（知识产权局）向全区市场监管系统发出《关于开展"中宁枸杞"地理标志证明商标注册专用权保护行动的通知》，在全区市场监管系统集中开展"中宁枸杞"地理标志证明商标注册专用权保护行动，共收缴各种违法违规枸杞包装物1.2万余只（箱、袋、盒），查处关于地理标志证明商标的侵权案件3起，案值达1.5万元。同时，利用大数据网监平台开展"网剑"行动、"中宁枸杞"专项保护行动等专项行动，加大"中宁枸杞"地理标志及证明商标线上保护力度，共处理问题线索449条，下达责令整改通知书26份。2022年，继续开展"中宁枸杞"地理标志证明商标注册商标专用权保护行动，利用12315投诉举报、大数据智慧监管系统办理案件线索900余条，收缴各种违法违规枸杞包装物8.6万余只（箱、袋、盒），查扣不符合质量标准枸杞86箱（袋）、1640公斤，查办违法案件40件，收缴罚没款29.6万元，并于当年"3·15"期间对扣押的不符合质量标准的枸杞及包装物、标识标签进行集中销毁。

强化溯源体系建设，严格地理标志证明商标管理。中宁县制定出台《"中宁枸杞"地理标志证明商标使用管理办法》，严格"中宁枸杞"地理标志证明商标管理，实行动态管理。统一"中宁枸杞"包装标识，建立包装物备案制度，所有商标准用企业必须统一使用"中宁枸杞"区域品牌包装标识。印发《中宁县枸杞质量安全追溯体系建设实施方案》，完善中宁枸杞质量安全追溯系统，每月对商标准用企业抽查1—2次，将中宁枸杞质量安全追溯标识作为识别中宁枸杞的唯一"身份证"，强化追溯标识管理，共发放质量追溯标识2万多枚，加强中宁枸杞专卖店及专柜管理。

实现检测全覆盖，加强质量安全体系建设。加快枸杞质量安全检验检测体系建设，坚持企业自检、市场准入快检、风险监测、执法检测、快速检测相结合，做到收前必检、出厂必检、入市必检，实现所有环节检测全覆盖。目前，全县建成枸杞质量安全检测中心2个（银川海关技术中心中卫实验室、宁夏中农艾森检测有限公司），快检实验室94个（其中，中宁国际枸杞交易中心1个、枸杞企业93个）。投资120万元，为中宁国际枸杞交易中心和县枸杞产业综合执法大队购置2套全自动枸杞检测设备。自2020年以来，中宁县财政每年列支300万元用于枸杞质量检验检测。开展种植环节环境因子监测，每年对中宁县枸杞主产区的土壤、水质、化肥等投入品进行动态监测，掌握全县土壤、水质等环境变化，为全县枸杞标准化种植提供科学依据。完善中宁枸杞质量安全追溯系统，加强责任主体逆向溯源、产品流向正向追踪，实现中宁县域内所有中宁枸杞产品上线追溯销售。鼓励企业开展质量管理体系、环境管理体系等加工环节认证以及BRC、JSC、FDA等国外认证。截至目前，中宁县全县共有获证组织91家，拥有质量管理体系认证、知识产权管理体系认证、食品农产品认证、自愿性工业产品认证等证书 306 本。

强化标准引领，实现标准化生产。以建设黄河流域生态保护和高质量发展先行区为契机，建设高标准国家级中宁枸杞市场，坚持"一个产业一套标准"的要求，积极开展枸杞产业地方标准、企业标准、行业标准制定工作，共制定枸杞等主导产业的农业地方标准和生产技术规程 22 项，着力打造黄河流域枸杞高质量发展先行区。同时，印制《食品安全国家标准　枸杞》（GB/T 18672—2014）、《食品安全国家标准　食品中农药残留最大限量》（GB 2763—2019）和《食品安全地方标准　枸杞干果中农药最大残留限量》等单行本 2 万本，利用"3·15"国际消费者权益日、"4·26"知识产权周等活动，向枸杞经营户和消费者大力宣传、诠释国标、地标、行标和企标的关系及其制定发布的原则、程序，指导、加快标准的普及和应用，监督指导各枸杞生产经营主体严格依法执行枸杞相关标准，实现标准化生产。

发挥龙头企业带动作用，不断提升加工能力。实施"育龙计划"和"小升规"行动，以中宁枸杞产业集团为龙头，内联早康、玺赞、华宝等骨干企业，外引国药集团等大型国企、央企，推行"龙头企业＋合作社＋农户"的订单生产模式，以保护价收购形成利益联结机制，促企增效、促农增收，不断提升加工能力。目前，中宁县全县市级以上龙头企业达 34 家，科技型企业达 16 家，指导企业申报专利 80 余项，培育出"宁夏红""早康"等自主品牌 75 个，宁夏著名商标 12 个、宁夏枸杞知名品牌 8 个。推出"枸杞明目胶囊""特膳"等新产品 20 余种，研制枸杞胶体金农残速测设备及试纸 11 种，枸杞清汁、果酒、糖肽等 10 多类产品实现产业化生产，加工转化率达 30%。

紧抓突出问题，强化专业执法队伍建设。中宁县委、县政府高度重视枸杞产业高质量发展，先后出台《中宁县现代枸杞产业高质量发展"十四五"规划》《中宁县现代枸杞产业远景目标高质量发展规划》，着力解决枸杞产业发展中自然资源趋紧、种植面积不稳、精深加工不够、产业链条较短、融合层次较浅、产品合格率低等问题。从县枸杞产业发展服务中心、农业农村、自然资源、公安等 6 部门抽调 12 名专业人员，成立中宁县枸杞产业综合执法大队，从种植、生产、加工、销售等环节闭环式开展枸杞质量安全监管工作。同时，县财政先后投入 1000 余万元，从执法车辆、办公设备、快检设备、办案经费、枸杞质量检验检测等方面给予全力支持和保障，为开展中宁枸杞质量提升和品牌维权打假行动提供强有力的组织和经费保障，确保枸杞质量安全有人管、管得住，逐步建立枸杞品质保护长效机制。

第三章 知识产权司法保护

2018—2022 年，宁夏法院、检察院系统全面贯彻习近平法治思想和习近平总书记关于加强知识产权保护工作的重要指示精神，严格落实中央和自治区有关工作部署，紧紧围绕"努力让人民群众在每一个司法案件中感受到公平正义"目标，坚持服务大局、司法为民、公正司法，健全知识产权审判和检察工作体制机制，积极构建符合知识产权案件特点和检察工作实际的综合履职模式，全面提升知识产权审判和检察工作质效，充分运用司法救济和制裁措施，有效遏制知识产权违法犯罪行为，切实加强知识产权保护能力建设，提升知识产权司法保护水平，激发全社会创新创造活力，为建设创新型国家、培育法治化营商环境、推动社会经济高质量发展提供有力的司法和检察服务保障。

第一节 知识产权司法改革创新发展情况

一、法院系统知识产权专业审判机制建设改革情况

2018—2022 年，宁夏法院系统持续深化司法改革，提升司法保护工作成效，主要工作措施如下。

持续推进知识产权"三合一"审判机制改革，实现知识产权审判业务全覆盖。为适应知识产权案件数量大幅增长、审判质效亟待进一步提升的司法需求，围绕司法改革

要求与中办、国办《关于加强知识产权审判领域改革创新若干问题的意见》，自治区高级人民法院充分考量自治区创新驱动发展司法护航任务的紧迫性，于2017年成立知识产权审判庭，对知识产权案件进行专业归口审判，同时加强对中、基层法院知识产权审判业务的指导。目前，银川市中级人民法院、石嘴山市中级人民法院、中卫市中级人民法院均已实现知识产权"三合一"审判。案件量较少的吴忠市中级人民法院、固原市中级人民法院根据各自实际情况指定合议庭对知识产权民事案件进行集中审理。2022年5月，自治区高级人民法院配合最高人民法院完成知识产权部分民事、行政案件级别管辖、集中管辖改革，确定辖区内的西夏区法院、灵武市法院、大武口区法院、利通区法院、原州区法院、沙坡头区法院6家基层法院管辖部分知识产权民事、行政一审案件。至此，知识产权审判业务覆盖宁夏三级法院，三级法院知识产权"三合一"审判工作依次有序推进。

完善知识产权纠纷多元解纷机制，充分发挥调解化解纠纷作用。为满足人民群众多元、高效、便捷解纷的需求，按照最高人民法院与国家知识产权局的要求，自治区高级人民法院、司法厅联合起草《关于加强诉调对接工作的办法》，依托人民法院调解平台，建立宁夏法院系统知识产权纠纷在线诉调对接机制，充分发挥调解在化解知识产权纠纷领域中的重要作用，切实将非诉讼纠纷解决机制挺在前面，开展全流程在线调解、在线申请司法确认或调解书等诉调对接工作，全面提升知识产权纠纷调解工作的质量和效率。5 年来，宁夏法院系统知识产权案件调撤率一直维持在 50% 左右，将因侵犯知识产权而产生的矛盾通过调解的方式化解并得到及时履行，减少了当事人的情绪对立，提高了其对知识产权保护的认知。深入推进"行政调解 + 司法确认"工作机制，完成多件知识产权侵权纠纷行政调解协议司法确认，进一步完善知识产权纠纷诉源治理和多元调解机制。为促进司法资源优化配置，在知识产权专业人才库中进行广泛筛选，聘请宁夏大学及专利事务所相关技术领域的知识产权专家、学者教授作为专家陪审员，参与审理专业性较强的知识产权案件。5 年来，宁夏法院系统坚持"调解为主、调判结合"的工作思路，因人、因案开展调解工作，不断提升调解能力，以对调解思路的把握、调解场所的选取、调解时机的选择、调解策略及技巧的应用为抓手，采取"背对背"调解的方式，注重发挥律师调解，注重当事人的心理分析，适当采取以判促调等技巧，有效化解社会矛盾。

依法适用知识产权惩罚性赔偿制度，严厉打击侵权行为。宁夏各级法院依照《最高人民法院关于审理侵害知识产权民事案件适用惩罚性赔偿的解释》的规定，对具有惩罚性赔偿情形的案件，落实惩罚性赔偿制度，加大知识产权的保护力度。吴忠市中级人民法院在青铜峡市万利食品有限责任公司诉青铜峡市某食品有限责任公司侵害商标权纠纷一案（"老苗"月饼商标侵权案）的审理中，结合查明的青铜峡市万利食品有限责任公司拥有商标权的"老苗"月饼已经在相关报刊有相应的宣传、获得相应的荣誉，且在相关的公众中特别是在特定区域内已具有较高知名度的事实，认定青铜峡市某食品有限责任公司使用"老苗"商标的行为构成侵权，结合侵权行为的持续时间、销售范围、规模、获利等情形，对侵权人给予惩罚性赔偿，判决其承担 40 万元的赔偿金。在涉"舍得"酒商标侵权案件中，对重复侵权、恶意侵权且情节严重的行为依法适用惩罚性赔偿，判决侵权人赔偿 25500 元经济损失，对侵权行为给予严厉打击，进一步凸显了宁夏法院系统在知识产权司法保护中的力度与决心。

促进裁判成果转化，提升裁判信服度。宁夏各级法院积极发挥知识产权审判职能作用，努力应对知识产权案件新形势新特点，认真总结各类案件的疑点、难点和审理经验，先后审理了一批具有典型意义的案件。诸如，甘肃洮河拖拉机有限公司与宁夏康惟鹏现代农业装备有限公司、宁夏帅之媛农机具制造有限公司侵害"免耕式双垄沟全铺膜覆土联合作业机"发明专利权纠纷案，入选"2019 年中国法院 50 件典型知识产权案例"；中国石化润滑油有限公司与银川市兴庆区（南）卓力汽车配件经销部、甘肃长城石油化工有限公司侵害商标权及不正当竞争纠纷案裁判文书，获得第四届全国知识产权优秀裁判文书三等奖；吴某与钟某艳著作权权属及侵害著作权纠纷案，入选"2021 年中国法院 50 件典型知识产权案例"。

加强院企互动合作，提高企业知识产权保护意识。2020年，银川市中级人民法院延伸知识产权司法保护触角，主动与宁东能源化工基地管理委员会签订《构建知识产权多元化矛盾纠纷化解综合服务平台合作协议》，率先在全区设立首个知识产权司法保护服务站，建立高效便民的知识产权司法保护新模式。疫情防控期间，吴忠市中级人民法院以"让群众少跑腿，让数据多跑路"的"云开庭""云调解"方式，在线成功办结宁夏伊牧云农林牧科技开发有限公司、宁夏荣华牧业控股有限公司诉北京安达优科技有限公司技术服务合同纠纷等案件。自治区高级人民法院指导全区法院加大对优势企业和主导产业进行知识产权保护的司法宣传，要求全区法院赴企业开展交流、走访调研活动，及时掌握企业的司法需求，了解企业知识产权纠纷多发领域和纠纷产生原因，形成人民法院与企业之间"需求动态掌握—司法精准回应"的良性循环机制。银川市中级人民法院根据企业需求，进企业开展《企业商业秘密管理及案例解析》法律知识讲座，宣讲习近平总书记关于加强我国知识产权保护工作的重要系列讲话与重要指示精神，提高企业对商业秘密保护重要性的认识，鼓励企业建立知识产权保护自律机制。

　　加大宣传力度，提高知识产权保护社会共识。宁夏各级法院持续推进司法公开，构建"公开、透明、规范"的知识产权审判阳光司法机制，不断将知识产权司法保护成果展示在各类互联网平台，向社会各界宣传知识产权保护知识。对社会普遍关注的案件，邀请人大代表、政协委员、知识产权行政管理部门代表、企业代表参加庭审旁听，通过互联网直播拓展庭审公开范围、在中国裁判文书网上公开生效裁判文书等方式，以案说法，取得了"办理一案、教育一片"的效果。5年来，自治区高级人民法院与5市中级人民法院坚持不断开展"4·26世界知识产权日"宣传周活动，并依托法院官方微博、微信公众号及新闻媒体，大力宣传知识产权法律法规和司法政策。集中宣判了一批音乐制品著作权侵权案件，助推音乐制品在自治区市场经营规范化，树立经营者有偿使用他人享有著作权的音乐制品的理念，同时增强宁夏法院系统知识产权司法保护的影响力和权威性。2020年11月12日，CCTV-13《法治在线》专题报道了银川市中级人民法院审理的源德盛塑胶电子（深圳）有限公司诉银川地区3家经销商"一体式自拍装置的实用新型专利权"侵权案件，把宣传普及提升到传播以"尊重知识，崇尚创新，诚信守法"为核心理念的知识产权文化建设中。吴忠市中级人民法院受邀参加吴忠市2022年第一次市域知识产权保护联席会议，会上通报了吴忠两级法院近4年知识产权案件的审理情况，并报送2篇典型知识产权保护司法案例，进一步拓宽了行政司法信息互通机制。2022年，银川市中级人民法院知识产权法官做客银川交通音乐广播电台，以嘉宾身份进行普法宣传，结合宁夏区情为听众讲解本地营商环境及知识产权保护的法治措施。西夏区人民法院深入社区进行"点穴式"知识产权法治宣传

13 次，联系西夏区司法局、西夏区教育局、文昌路街道办事处等多家单位共同走进银川市第十四中学，以"与法同行 呵护成长"为题为师生们讲授法治讲座。灵武市人民法院受邀深入统计局、审计局等机关单位以及社区、村委会开展讲座 10 余次，引导机关、乡镇、村委干部在今后工作中提高运用知识产权法律法规、维护基层和谐稳定的能力，树立知识产权保护意识和市场导向。

加强刑事司法与行政执法联动，稳妥推进假冒侵权案件办理。自治区高级人民法院制定《关于打击侵犯知识产权和制售假冒伪劣商品犯罪的指导意见》（以下简称《意见》），并召开全区刑事审判工作会议，就打击侵犯知识产权和假冒伪劣商品工作进行部署，要求自治区三级法院严格按照《意见》要求，依法、有序、稳妥推进假冒侵权案件办理，加强假冒侵权刑事案件的审判工作力度。5 年来，宁夏各级法院加强对刑事证据、犯罪主观、犯罪惩治与犯罪预防等方面的研究，加大对犯罪分子财产处置力度，强化法律威慑力、维护法律尊严，提升审判震慑和警示效应。与公安、检察机关和市场监督管理局、版权局等知识产权行政执法部门建立知识产权纠纷联动处理，加强业务合作与司法监督，强化诉源治理，综合运用法律、行政、社会治理等多种手段，从审查授权、行政执法、司法保护等环节完善保护体系，加强协同配合。

加强人员队伍建设，提升司法能力与水平。5 年来，宁夏各级法院始终以政治建设为统领，坚持党对法院工作的绝对领导，把思想和行为统一到中央、自治区党委的决策部署上来，以"职业化、专业化、专门化、国际化"为标准，努力锻造一支政治坚定、顾全大局、精通法律、熟悉技术、具有国际视野的高素质知识产权审判队伍。紧扣司法能力提升的要求，着力在办案质量上下功夫，依托中国法官培训网积极开展知识产权业务学习，提升法官驾驭庭审、适用法律、裁判文书制作、化解矛盾的审判实务能力与水平。认真落实中央八项规定精神，严格执行防止干预司法"三个规定"等铁规禁令，紧密结合知识产权审判工作的特点和实际，提高反腐倡廉的自觉性，不断增强政治定力、道德定力、抵腐定力，确保司法公正廉洁高效。因工作业绩突出，银川市中级人民法院民三庭荣获"2018年全国法院知识产权审判工作先进集体"，该庭室一名员额法官荣获"2018年全国法院知识产权审判工作先进个人"。

加强司法行政协作，共建知识产权保护大格局。5年来，宁夏法院系统建立健全知识产权协同保护机制，不断加强知识产权司法审判与行政执法的衔接协作，强化知识产权全链条保护，联合行政部门助力全区高新技术企业创新发展。与自治区市场监督管理厅（知识产权局）开展全区商标、地理标志、高新技术等"知识产权保护直通车"服务，调研走访宁夏共享集团、长城葡萄酒庄等全区高新技术企业及地方品牌企业，就加强企业创新成果应用、提高品牌市场占有率开展调研工作，努力为推动全区经济高质量发展贡献司法智慧。强化部门联动，护航非物质文化遗产薪火相传，银川市中级人民法院牵头与自治区党委宣传部版权管理处等相关部门紧紧围绕"打造铸牢中华民族共同体意识示范市"的目标任务，在"4·26"期间与宁夏国家级非遗代表性传承人伏兆娥共话民间剪纸艺术，了解非物质文化企业创新发展中面临的难题，给予企业专业的指导与建议。提升知识产权协同保护能力与水平，牢固树立保护知识产权就是保护创新的理念，坚持严格保护、统筹协调、重点突破、同等保护，打造宁夏知识产权保护高地。宁夏法院系统协同知识产权行政管理部门，围绕自治区党委办公厅、政府办公厅印发的《关于强化知识产权保护的实施意见》抓好落实，进一步强化司法、行政、调解、公证之间的工作衔接和信息互通共享，广泛应用多元解纷机制，完善知识产权纠纷调解协议司法确认，提高案件处置效率，提升知识产权快速协同保护能力和水平。加大关键领域知识产权保护力度，"十四五"规划实施期间，为更好地服务宁夏黄河流域生态保护和高质量发展先行区建设，对区内现代煤化工、新能源等重点产业，尤其是枸杞、葡萄酒等宁夏发展特色9个重点产业，宁夏法院系统延伸知识产权司法服务，加大知识产权司法保护力度，依托银川市中级人民法院宁东能源基地知识产权司法保护服务站开展保护工作，形成知识产权快速协同保护先进做法，并将快速协同保护推广应用于贺兰山东麓葡萄酒产业园区等产业集聚区，为宁夏重点与特色产业发展提供更加高效便捷的司法服务。

二、检察系统知识产权专门专业化改革

2018 年以来，宁夏全区检察机关坚持以习近平新时代中国特色社会主义思想为指导，深入贯彻习近平法治思想和习近平总书记关于加强知识产权保护的重要讲话精神，认真贯彻《中共中央关于加强新时代检察机关法律监督工作的意见》，认真落实中央、自治区党委、最高检的决策部署，加强专门专业化建设，夯实知识产权检察工作基础，健全知识产权检察工作体制机制，积极构建符合知识产权案件特点和检察工作实际的综合履职模式，全面提升知识产权检察工作质效，加强业务建设和内外协作，推动知识产权检察工作创新发展，为实施创新驱动发展战略，培育法治化营商环境提供有力检察保障，主要工作措施如下。

落实最高检工作部署，组建专业化工作机构。全区检察机关落实最高检关于知识产权检察改革的工作部署，整合知识产权刑事、民事、行政、公益诉讼检察职能，统筹推进机构设置。自治区检察院协调党委编制部门在第五检察部加挂知识产权检察办公室牌子，成立知识产权检察办公室，明确 3 名组成人员及职责任务。积极推动各市县（区）检察院因地制宜成立知识产权检察业务机构和办案组织建设，银川市、石嘴山市检察院成立知识产权检察办公室，由专业办案组织从事知识产权检察工作。

推进"一案四查"办案模式，推动知识产权检察综合履职。制定印发《宁夏回族自治区人民检察院关于进一步

加强知识产权检察工作的意见》，探索知识产权刑事、民事、行政、公益诉讼检察职能集中统一履行，推进"一案四查"办案模式，在办理知识产权刑事案件中，同步审查是否存在民事追责和支持起诉线索、是否存在行政机关履职不到位、是否存在侵犯公共利益等情形，进行综合评判，在刑事追责、民事赔偿和行政处罚中寻找最佳路径，实现3个效果的有机统一。固原市检察院印发进一步加强知识产权检察工作的意见，对知识产权案件办理、加强法律监督工作、加强队伍建设和宣传工作提出具体要求。

完善内部统筹协调机制，实行跨部门案件会商研判。自治区检察院制定印发《关于加强涉知识产权案件指导的通知》，成立以检委会专职委员为组长，相关业务部门负责人、员额检察官为成员的案件指导组，重点对量刑建议、抗诉案件和刑民（行）交织案件实行跨部门案件会商研判，从刑事、民事、行政多角度审查案件。石嘴山市检察院成立涉知识产权案件线索指导组，加强对本地区涉知识产权案件的指导，积极稳妥办理各类涉知识产权案件，对提起公诉的范某波生产、销售伪劣产品案和贾某乐、庞某同涉嫌销售假冒注册商标的商品案，均签订认罪认罚具结书，提出了确定刑量刑建议，被法院采纳。

健全完善外部协作配合机制，形成惩治侵犯知识产权违法犯罪工作合力。自治区检察院与公安厅、市场监督管理厅、司法厅等部门会签《关于加强知识产权行政执法和刑事司法衔接工作的意见》，建立联络会商、信息共享、办案协作、案件移送、法律监督、双向咨询、交流培训等工作机制，统一经济、刑事、行政执法尺度，形成惩治侵犯知识产权违法犯罪工作合力。加强与知识产权管理部门的合作，与自治区市场监督管理厅（知识产权局）会签《关于强化知识产权协同保护的实施意见》，整合知识产权行政和司法资源，优化协作配合机制，协同落实中央、自治区党委各项知识产权保护的决策部署。吴忠市检察院与市公安局、市场监督管理局、新闻出版局、自然资源局、农业农村局、文化旅游体育广电局联合印发《关于加强知识产权行政执法和刑事司法衔接工作的意见》，加强联络会商，密切协作、相互配合做好知识产权保护行政执法与刑事司法衔接工作。

深入开展调研，研究部署工作。自治区检察院走访自治区相关职能部门，全面梳理全区知识产权检察工作情况，分析存在的问题，研究提出工作措施，为知识产权检察工作扎实开展筑牢基础。组织召开知识产权检察工作座谈会，传达学习习近平总书记关于知识产权检察工作的重要讲话精神及相关文件，对全区知识产权检察工作进行全面研究部署。

加大宣传力度，提升知识产权检察影响力。全区检察机关严格贯彻落实习近平总书记关于知识产权司法保护工作的重要指示精神，严格落实"谁执法谁普法"的责任，以"3·15消费者权益日""4·26世界知识产权日"为契机，统一印发《全面加强知识产权保护　推动构建新发展格局》

宣传册，下发《关于全区检察机关开展"知识产权宣传周"活动的通知》，明确宣传重点、宣传方式，确保宣传质效。各级检察机关立足检察职能，宣传检察机关打击侵犯知识产权违法犯罪做法成效，充分发挥典型案例释法说理的作用，开展警示教育，宣传侵犯知识产权应当承担的法律责任，引导、警醒群众遵纪守法，在法律规定范围内开展生产经营活动，结合办案实际提出检察小建议，引导生产经营者提高自我保护意识，依法维护合法权益。通过线上线下宣传、进社区进企业宣讲、联合座谈普法宣传、现场咨询答疑等方式，不断加大宣传力度、广度、深度，引导全社会树立尊重智力成果、提高保护知识产权的意识，激发创新创造热情，宣传效果突显。

开展业务培训，提升办案水平。为进一步落实最高人民检察院关于开展知识产权检察职能集中统一履职工作要求，深化知识产权保护，提升知识产权司法保护能力，自治区检察院通过"检察官讲堂"的形式邀请举办全区检察机关知识产权检察业务的专题培训班，邀请一线办案检察官进行授课。吴忠市检察院邀请吴忠市市场监督管理局知识产权科科长为全市检察机关刑事、民事行政、公益诉讼检察干警进行了知识产权专题业务培训。

开展专项活动，主动融入知识产权大保护工作格局。自治区检察院组织开展重点领域专项行动，以推进"四个最严"专项行动为主线，积极配合各地市场监管部门组织开展"中宁枸杞"地理标志注册商标保护专项行动。中宁县检察院积极与中宁县市场监督管理局、中宁县枸杞产业管理局等单位对接，以联合检查等形式，开展多部门联合检查2次；以第四届枸杞产业博览会为契机，明察暗访、突击检查中宁县枸杞交易市场的批发、零散经营商户，推动各职能部门依法、精准履职。银川市兴庆区检察院、固原市原州区检察院分别联合市场监督管理部门开展"中宁枸杞"商标专用权专项监督检查，检查销售"中宁枸杞"商户20余家。银川市检察院以开展依法惩治知识产权恶意诉讼专项监督为抓手，全面推动履行涉知识产权案件民事、行政、公益诉讼检察职能，惩治知识产权恶意诉讼，防止通过恶意诉讼而形成产业化现象，坚决斩断灰色"产业链"，从点到线、从线到面编织严密的司法保护网。银川市检察院走访银川市工商业联合会，并就依法惩治知识产权恶意诉讼专项监督工作进行了座谈交流，达成共识。吴忠市两级检察院坚持把服务创新发展与服务保障优化营商环境目标任务相融合，印发《吴忠市检察机关发挥检察职能服务和保障民营企业改革发展的实施意见》《关于充分发挥检察职能进一步优化营商环境的实施意见》，为推动知识产权司法保护提供更有力的制度保障；聚焦吴忠地区特色产业，围绕"盐池滩羊"加大对区域地理标志品牌保护力度，开展守护"盐池滩羊"品牌专项活动，组建办案团队，定期与法院、公安局、市场监督管理局等部门通报涉"盐池滩羊"品牌案件线索，走访盐池县滩羊产业发展协会，了解品牌经营动态，主动听取企业法治需求，提供法律咨询服务，切实推动"盐池滩羊"品牌健康发展。中卫市检察院发挥公益诉讼检察职能，部署开展地方特色农产品品牌保护公益诉讼专项活动；围绕中卫硒砂瓜、富硒苹果、中宁枸杞、海原小茴香等地方特色农产品保护，在全市检察机关中部署开展地方特色农产品品牌保护公益诉讼专项活动。中宁县检察院通过调查，发现中宁县内部分超市、农贸市场中存在销售张贴假冒或过期"香山硒砂"西瓜专用标识的情形，侵害了不特定消费者的知情权，侵犯了"香山硒砂"西瓜品牌的商标权。针对此问题，中宁县检察院向中宁县市场监督管理局、中宁县农业农村局发出诉前检察建议，市场监督管理局、农业农村局分别整改回复。

第二节　知识产权案件审判

5年以来，宁夏知识产权与不正当竞争纠纷案件数量激增，类型多样，审理难度加大。宁夏各级法院积极发挥知识产权审判职能作用，严把事实认定关、法律适用关，发挥司法裁判的保护主导和正确导向作用，依法公正高效地审理各类知识产权纠纷案件共计3430件，维护了技术市场秩序，保障了知识产权权利人的合法权益。

2018—2022年，全区法院共受理各类知识产权纠纷3398件，结案3316件，结案率为97.6%。所受理的案件包括：商标权纠纷1570件，著作权纠纷1376件，专利权纠纷219件，不正当竞争及垄断纠纷43件，其他案件190件。

一、知识产权民事案件审判

表 6　2018—2022 年全区法院知识产权民事案件受理与审理情况

年份（年）	当年收案	当年结案	结案率
2018	474	422	89.01%
2019	854	659	77.17%
2020	664	609	91.72%
2021	923	758	78%
2022	932	820	87.40%
总计	3847	3268	84.36%

表 7　2018—2022 年全区法院知识产权民事案件分类情况

年份（年）	商标权	著作权	专利权	不正当竞争及垄断	其他
2018	349	78	25	5	17
2019	329	371	111	9	34
2020	318	242	57	5	42
2021	356	476	20	11	60
2022	216	308	42	9	51
总计	1568	1475	255	39	204

二、知识产权刑事、行政案件审理

表8　2018—2022年全区法院知识产权刑事案件受理与审理情况

年份（年）	收案数	结案数	结案率
2018	10	9	90%
2019	8	7	87.50%
2020	13	13	100%
2021	10	8	80%
2022	6	6	100%
总计	47	43	91.49%

表9　2018—2022年全区法院知识产权刑事案件分类情况

年份（年）	假冒注册商标罪	销售假冒注册商标的商品罪	侵犯著作权罪	侵犯商业秘密罪
2018	4	5	1	0
2019	3	4	1	0
2020	6	6	1	0
2021	3	6	0	1
2022	2	4	0	0
总计	18	25	3	1

2018—2022年，全区法院共受理侵犯知识产权刑事犯罪案件31件，审结30件，生效人数45人。其中，受理假

冒注册商标罪案件 12 件，审结 11 件，判决 25 人；受理销售假冒注册商标的商品罪案件 16 件，审结 16 件，判决 16 人；受理侵犯著作权罪案件 3 件，审结 3 件，判决 4 人。受理涉商标类行政处罚案件 1 件。

三、知识产权案件发展趋势

案件增速迅猛，民事案件居多。2018 年以来，宁夏法院系统受理的知识产权纠纷案件数量迅猛增长，其中民事案件数量的增长尤为突出，民事案件收案数与整体占比依然远超刑事、行政案件数量，涉及侵权主体人数增多，涉及社会生活领域广泛，案件审理社会关注度不断升高。案件数量的激增，客观反映出了权利人知识产权保护意识的增强、人民法院知识产权司法保护主导作用的发挥以及公信力的提升。

集中维权频发，牵涉知名品牌。近 5 年受理的案件中，涉及六神花露水、小糊涂仙白酒、大嘴猴服饰、打火机、KTV 装饰装潢、中国音像管理协会关于影音作品等侵犯知识产权的集中维权案件较多，且该类案件中，侵权行为被权利人申请公证保全，侵权事实明确，责任无法避免。这一现象反映出宁夏中小企业或个体经营者在提供商品或者服务的过程中仍缺乏注意义务与分辨能力，对如何避免侵犯他人知识产权依然意识淡薄。

地域特征显著，东扩西移明显。随着全国各地经济水平的不断提升，在商标、专利、著作权领域，针对同一个知识产权存在的维权行为，往往在经济发展较好的东部城市试水后，又大规模转移并出现在中西部城市。该类案件已经显现出了权利人成熟的司法维权模式，且此类维权行为不断大量出现。

维权方式转变，维权手段多样。过去一些年，权利人发现知识产权被侵权后，积极向市场监管部门反映，由市场监管部门对侵权企业和个人予以行政处罚，同时收缴侵权产品，有效打击侵权行为、净化市场。但近几年来，随着经济社会的快速发展，权利人维权意识不断提高，维权方式也发生了变化。当发现权利被侵犯后，权利人更多选择以侵权产品销售末端的小商户为被告，直接向法院提起赔偿诉请，且通过诉前证据保全、行为保全等方式固定证据，追求维权利益最大化。

专业程度提高，审理难度加大。随着互联网技术的发展、商业模式的创新和新技术、新产品、新业态的出现，涉及互联网、大数据、人工智能等科技前沿的知识产权新问题与纠纷不断涌现，案件审理的专业性更加凸显，审理难度不断加大。

第三节　知识产权检察履职

2018—2022年，全区检察机关全面履行检察职能，提升知识产权办案质效，主要履职情况如下。

依法惩治侵犯知识产权犯罪，切实维护正常的市场经济秩序。全区检察机关依法履行审查逮捕和审查起诉职责，严惩各类侵犯知识产权和制售伪劣商品犯罪。2018—2022年，共受理审查逮捕61件、101人，批准逮捕26件、43人；共受理审查起诉56件、94人，起诉45件、76人。充分发挥法律监督职能，依法纠正漏捕1人，纠正起诉遗漏同案犯2人，监督公安机关立案4件9人，监督公安机关撤案5件、5人，书面纠正侦查活动违法3件。能动履职，提高案件质效，提前介入9件，自行补充侦查10件。石嘴山市惠农区检察院依托"两法衔接"办公室，发现石嘴山市市场监督管理局贾某某行政处罚案件涉案金额可能达到立案标准，应当将贾某某涉嫌销售假冒注册商标的商品案犯罪线索移交公安机关，遂建议该行政机关移送案件，公安机关侦查终结后依法移送检察院审查起诉。最终，贾某某被法院依法判处有期徒刑1年，缓刑1年6个月，罚金7万元。

发挥民事行政检察法律监督职能，取得显著成绩。2018—2022年，办理涉知识产权民事行政检察监督案件6件，其中，民事生效裁判监督案件3件，均作不支持监督申请决定；民事执行监督案件2件，提出检察建议2件，均采纳；办理涉知识产权行政执行监督案件1件，提出检察建议1件，已采纳。

积极开展知识产权领域公益诉讼案件办理，推动相关部门依法履职。重点加强国家地理标志产品、食品药品安全等知识产权的公益保护；探索开展消费领域侵犯知识产权案件提起公益诉讼，全区检察机关公益诉讼部门在履行法定职责中共发现涉及知识产权领域公益诉讼案件线索 3 件，立案办理 2 件（其中，刑事附带民事公益诉讼 1 件、行政公益诉讼 1 件），发出社会治理类检察建议 1 件。石嘴山市大武口区检察院针对被告范某某等人销售假冒品牌白酒损害消费者合法权益的行为，提起刑事附带民事公益诉讼，要求被告人对销售假冒品牌白酒损害消费者合法权益的行为承担赔偿损失、消除影响、赔礼道歉等民事责任，获法院支持。中宁县检察院对辖区内部分枸杞销售经营主体用于枸杞产品的包装袋存在违反食品包装宣传规定等情形，立为行政公益诉讼案件，要求市场监督管理部门依法履行管理职责，切实加强对"中宁枸杞"品牌的保护工作。

第四节　知识产权典型案例

一、宁夏昌禾装饰工程有限公司诉实创家居装饰集团有限公司、百度在线网络技术有限公司侵害商标权及不正当竞争案

宁夏昌禾装饰工程有限公司系经营包括室内装饰装修施工、建筑装饰材料、木门家具销售等业务的企业，其对"昌禾"文字商标在建筑装饰装修领域享有注册商标专用权，该"昌禾"文字商标多次被认定为自治区著名商标。昌禾公司因经营之需，在百度平台设立网站以"昌禾装饰"为品牌对其业务进行营销。实创家居装饰集团（银川）有限公司经营业务在建筑装饰、装修工程施工领域与昌禾公

司存在重合，其亦在百度平台设立网站对公司业务进行宣传。实创公司在百度网站中设置并上传关键词"昌禾装饰"，相关网络用户在通过百度搜索引擎搜索"昌禾装饰"时，搜索结果显示排在首位的网址为实创公司的网站链接，点击进入其项下含有"热点：昌禾装饰"的文字链接，显示内容为实创公司的业务内容介绍网页。

银川市中级人民法院审理认为，实创公司作为同行业竞争者，利用昌禾公司"昌禾"商标的信誉对经营业务进行的推广宣传，通过其关联公司在百度网络服务系统中设置并上传"昌禾装饰"关键词，致搜索该关键词的网络用户所获得的搜索结果优先推荐为实创公司的信息。实创公司的行为使昌禾公司"昌禾"商标在商业活动中发挥的区分商品服务来源的识别功能被降低，使得一些应属于昌禾公司的商业机会为实创公司所获得，对相关欲了解昌禾公司的消费者具有一定程度的误导，侵害了昌禾公司的注册商标专用权，构成不正当竞争。该案审理过程中，实创公司在百度推广服务中设置的"昌禾装饰"关键词及相关内容已全部下线，已停止侵权行为。法院判决实创公司赔偿昌禾公司经济损失及为制止侵权损失共3万元。本案一审宣判后，实创公司不服，提起上诉。二审法院驳回上诉，维持原判。

本案为典型的网络用户利用网络服务侵害他人知识产权而引发的纠纷。基于网络活动的便捷性及商务性，网络信息在商业活动中已广泛应用，通过网络侵害他人权益的情形较为常见。本案对保护本区域范围内知识产权权利人的合法权益、保障市场秩序健康有序发展，具有积极的指导和示范意义。银川市中级人民法院对网络商标侵权纠纷的认定和审理向我国现有司法实践前沿看齐，保护了商标权人的合法权益，同时也保证了网络服务从业者市场的稳定性和可预期性。

二、西北稀有金属材料研究院宁夏有限公司与爱美新材料技术和设备有限公司技术合同纠纷案

西北稀有金属材料研究院宁夏有限公司与爱美新材料技术和设备有限公司（AME Technology Co., Limited）签订技术服务合同，明确约定了技术服务内容、目标。技术服务费用共计600万元，完成第一阶段技术服务目标应支付360万元，完成第二阶段技术服务目标应支付240万元。西材院向爱美公司预付了第一阶段部分技术服务费120万元后，爱美公司依约生产出涉案靶材，西材院认为爱美公司未完成第一阶段技术服务目标，双方诉至法院。

一审法院结合查明事实，认为应视为爱美公司生产出了符合约定条件的靶材，第一阶段技术服务目标未全部完成的责任在于西材院，故西材院应支付第一阶段剩余服务费240万元。二审法院认为，西材院在爱美公司技术指导下生产出了ITO烧结靶材样品，且经双方一致认可送韩国釜山大学测试，经与日本日矿（Nikko）ITO靶材对比，能够认定涉案靶材实现了与日韩ITO靶材同等水平的溅射特性（Nodule、Arc、镀膜的电气/光学特性），且可以和日

本日矿 ITO 靶材同样用于一般的 TFT-LCD 应用。合同第一阶段服务目标不能实现的原因在于西材院未积极履行推进靶材上线测试的义务，西材院应对此承担相应责任。综上，二审维持一审判决。

该案具有涉外因素，是典型的凸显知识产权保护应加速科学技术成果研发、转化、应用和推广的案例。该案反映出技术合同不同于普通的民商事合同，在订立和履行过程中，除遵循平等、自愿、有利于知识产权保护等原则之外，还应遵循促进科学技术进步、加速科学技术成果研发、转化、应用和推广的原则。该案的裁判有助于我国知识产权保护工作更加赢得国际社会好评，并宣传宁夏地区知识产权保护力度，在科技强区的进程中为引进境外先进技术提供良好的司法保障。

三、厦门鸿鹿恒文化传媒有限公司与中国移动通信集团宁夏有限公司、中国移动通信集团宁夏有限公司银川分公司、咪咕音乐有限公司著作权权属、侵权纠纷案

原告厦门鸿鹿恒文化传媒有限公司经授权取得涉案《说散就散》《莫斯科没有眼泪》等255首音乐作品的复制权、信息网络传播权等权利，可以以被授权方名义对侵犯授权作品合法权利的行为开展维权并获得相应赔偿。原告控告，3被告在未经权利人及原告许可的情况下，擅自在其运营的网站 music.migu.cn 及应用上将涉案音乐作品制作成音乐彩铃，并向宁夏回族自治区范围内的移动用户提供有偿彩铃服务，诉请 3 被告立即停止涉案侵权行为，赔偿经济损失及合理开支 51 万余元等。

银川市中级人民法院经审理，一审判决 3 被告立即停止涉案侵权行为，咪咕音乐有限公司、中国移动通信集团宁夏有限公司赔偿原告经济损失及合理维权费用共计 257285 元，驳回原告的其他诉讼请求。

随着智能手机的普遍适用和 5G 技术网络的全面升级覆盖，手机应用软件不断推陈出新，伴随在这一过程中的是手机应用侵害著作权现象的大量发生，人民法院受理的类似侵权案件数量也急速上升。但由于技术服务形态的复杂化、数字经济市场的多元化、线上付款便利性增强等因素，网络服务提供者与手机应用软件研发者的合作模式不再是单一的技术服务，而是上升为利用大数据进行推广、运营介入、合作分工、利益分配的深度捆绑模式。通过该案的审理，可以总结出：在审理此类案件时，首先应分析网络服务提供者提供技术服务的形态，对网络服务提供者是否仅提供自动接入、自动传输、信息存储空间、搜索、链接、文件分享技术等网络服务加以辨别；其次，应查明网络服务提供者对作品内容及传播方式的干预程度，其对内容展示和传输方式的干预越强，越可能构成共同侵权；再次，要厘清网络服务提供者与手机应用软件研发者的捆绑运营模式，用户的缴费模式可以作为切入点；最后，要结合一般侵权审理思维，对损害的权利、侵权行为、过错、违法性、行为与损害之间的因果关系加以认定。应对《最高人民法院关于审理侵害信息网络传播权民事纠纷案件适用法律若干问题的规定》第四条的规定进行深度理解，结合上述审理思路，最终界定网络服务提供者是否构成共同侵权。

四、宁夏回族自治区中宁县人民检察院督促整治保护"中宁枸杞"品牌行政公益诉讼案

宁夏回族自治区中卫市中宁县先后被国务院命名为"中国枸杞之乡""中国特产之乡"。"中宁枸杞"经原国家工商总局批准为证明商标、确定为原产地地理标志，被原农业部批准实施农产品地理标志登记，先后入选中国特色农产品优势区名单、中国农业品牌目录、中欧地理标志保护名单，已成为中国枸杞行业的核心品牌，显现出强劲市场竞争力、影响力。近年来，部分枸杞经营主体售卖过程中，违反食品预包装、产品包装标识及广告宣传等方面的规定，存在虚假宣传、误导消费者的情形，严重破坏"中宁枸杞"品牌声誉，侵害了广大消费者和枸杞种植农户、枸杞生产企业的合法权益。

2022年8月，宁夏回族自治区中宁县人民检察院在部署开展"中宁枸杞"品牌保护公益诉讼专项检察监督推动"公益诉讼守护美好生活"专项行动中发现该线索。在问题隐患排摸前期，中宁县检察院邀请县市场监督管理局、县枸杞产业发展服务中心、中宁枸杞产业协会及其各企业代表开展"共商、共谈、共护"专题调研；与县市场监督管理局、县枸杞产业发展服务中心制定《关于强化"中宁枸杞"

品牌保护工作中协作配合的实施方案》；研究制定"十条"具体措施，服务"中宁枸杞"品牌保护多元化需求。同年8月11日，中宁县检察院启动公益诉讼诉前程序。同年8月18日，中宁县检察院与中宁县市场监督管理局进行诉前磋商，并向其制发磋商意见，建议其履行监督管理职责，强化枸杞产品销售规范管理，有效促进"中宁枸杞"品牌保护。磋商会后，县市场监督管理局联合商务、枸杞产业发展服务中心等职能部门开展全县范围内的专项整治规范行动，现场检查经营主体483户次，对11家经营户存在的17处包装物标识标签瑕疵和问题进行现场提示和责令限期整改；立案9起，收缴罚款6.334万元，查扣问题枸杞230公斤，收缴违规包装物1万余只；办理消费投诉、举报和信访等185件，为消费者挽回经济损失8.3万元；组织开展枸杞质量安全监测341批次；制定加强枸杞产品生产加工、流通和枸杞包装物整治和规范及查处打击等方面的具体措施。其间，中宁县检察院以进店暗访、到商超检查监督等方式跟踪整改落实。目前，通过积极有效的整改推进，枸杞产品售卖及宣传乱象问题得到有效整治，为"中宁枸杞"品牌保护提供了良好的市场环境。

五、石嘴山市大武口区人民检察院诉范某某、李某假冒注册商标，孙某某销售非法制造的注册商标标识刑事附带民事公益诉讼案

2021年以来，范某某伙同李某，将"绵竹大曲""金六福"

等白酒采用手工灌装的方式,灌入购买的"五粮液""剑南春"等品牌白酒的酒瓶内,再使用从孙某某处购买的伪造的"五粮液""剑南春"等多个品牌的商标标识、包装盒等,经包装后冒充成品牌白酒,由范某某销售到李某某、关某某、王某等经营的商行并从中牟利。经鉴定,范某某、李某生产的品牌白酒均系侵犯上述品牌白酒企业注册商标专用权的产品,公安机关查获范某某尚未销售的假冒品牌白酒价值为 65.28 万元,已销售假冒品牌白酒金额达 4.21 万元,通过李某某、关某某、王某经营的商行流入市场的假冒品牌白酒销售金额达 1.105 万元。孙某某在未取得注册商标所有人许可和授权的情况下,向范某某出售伪造的品牌白酒商标标识和外包装,销售金额达 13.95 万余元。

2022 年 2 月 16 日,宁夏回族自治区石嘴山市大武口区人民检察院对范某某等人生产、销售假冒品牌白酒,孙某某销售假冒品牌白酒商标标识的行为刑事附带民事公益诉讼立案。发布公告后,没有法律规定的机关和社会组织提起民事公益诉讼。大武口区检察院在审查调查中发现,商行经营者李某某、关某某、王某明知从范某某处购进的是假冒品牌的白酒,仍向不特定消费者销售,上述行为虽不构成犯罪,但与范某某生产、销售假冒品牌白酒的行为具有民法上的因果关系,系共同侵权行为,应追加其为附带民事公益诉讼被告,要求其承担民事侵权责任。2022 年 5 月 9 日,大武口区检察院向大武口区人民法院提起刑事附带民事公益诉讼,请求依法判令范某某等 6 人共同承担销售金额的 3 倍惩罚性赔偿金 33150 元，并在省级以上媒体公开道歉；范某某、李某、孙某某等 3 人对公安机关扣押未销售的假冒品牌白酒及外包装进行无害化处理。诉讼过程中，6 名被告均表达了对侵犯企业知识产权、损害消费者合法权益的悔过之意，自愿承担民事责任。在法院主持调解下，6 月 28 日，大武口区检察院与 6 名被告达成民事调解协议：6 名被告共同承担销售金额 3 倍惩罚性赔偿金 33150 元，在省级以上媒体公开道歉，公安机关扣押未销售的假冒品牌白酒及外包装由被告范某某、李某、孙某某 3 人在本案刑事判决书生效一个月内进行无害化处理。调解协议公告期满后，大武口区人民法院依法作出刑事附带民事调解书对调解协议予以确认。目前调解协议内容均已履行完毕。

本案中，检察机关将刑事检察与公益诉讼工作深度融合，以"刑事诉讼＋公益诉讼＋知识产权保护"多维度构筑知识产权司法保护防线。一是充分保障权利人诉讼权利，在办理刑事案件的过程中及时告知五粮液、剑南春等被侵权企业诉讼权利义务，对被侵权企业提出的程序问题进行解答，引导其进行民事维权。二是刑事侦查与公益诉讼审查调查同步推进，在公安机关进行刑事侦查的同时，参与并借助公安机关的力量对损害社会公共利益的情形开展调查核实。三是将明知为侵权产品仍向社会销售的销售方纳入民事公益诉讼被告，要求其承担惩罚性赔偿并公开道歉，从各个环节打击、惩罚侵犯知识产权行为，切实维护法治营商环境。

六、高某某、王某某假冒注册商标案

2019 年 4 月，被告人高某某从被告人王某某处订购水泵 8 台。为谋取利益，被告人高某某指使被告人王某某将伪造的"南方泵业"商标标识贴到其购买的水泵上，冒充南方泵业水泵。被告人王某某按照高某某指示，伪造了 8 个"南方泵业"商标标识，并贴牌到高某某购买的其他品牌的 8 台水泵上。此后，被告人高某某与王某某伪造了购销合同，骗取宁夏润升科技有限公司的信任后，将假冒的南方泵业水泵销售给宁夏润升科技有限公司，宁夏润升科技有限公司向被告人王某某支付水泵货款 66460 元。被告人王某某扣除成本后将违法所得转给被告人高某某，高某某用于日常开销。2022 年 5 月 20 日，宁夏回族自治区银川市金凤区人民检察院以假冒注册商标罪对 2 被告人高某某、王某某提起公诉，金凤区人民法院以假冒注册商标罪判处高某某有期徒刑 8 个月，缓刑 1 年，并处罚金 27000 元；判处王某某有期徒刑 6 个月，缓刑 1 年，并处罚金 8000 元。

本案中，金凤区检察院坚持问题导向，提前介入侦查。2020 年 7 月，宁夏润升科技有限公司向被害公司提供线索称高某某涉嫌销售假冒被害人单位注册商标的水泵，从中非法牟利。被害单位报案后，公安机关立案侦查，以高某某涉嫌销售假冒注册商标的商品案提请金凤区检察院提前介入。金凤区检察院发现本案被告人高某某自己将假冒的

商标贴在被害单位产品上的行为，涉嫌假冒注册商标罪而非销售假冒注册商标的商品罪，并从证据方面提出侦查建议，保证侦查方向不偏离事实和法律。同时，金凤区检察院全面审查证据，依法追诉漏犯。金凤区公安分局以高某某涉嫌假冒注册商标罪移送审查起诉，金凤区检察院受理后，全面审查案件事实及证据，从高某某的聊天记录中发现高某某委托王某某制作被侵权单位铭牌销售的事实，遂要求公安机关补充移送起诉王某某，公安机关侦查后查明案件事实并补充相关证据移送起诉。办案过程中，金凤区检察院落实宽严相济的刑事司法政策，全力开展追赃挽损。检察官在办理该案过程中，全面审查案件事实和证据，贯彻落实认罪认罚从宽制度。被告人王某某认为自己的行为并未达到犯罪的程度，经过检察官对假冒注册商标罪、共同犯罪的内容、侵权危害进行释法说理后，在法律援助律师的进一步解读下，王某某自愿认罪认罚，并积极主动退赃 2.8 万元。

本案反映了检察机关切实加强对知识产权侵害的打击力度，保护知识产权权利人合法权益，达到"办一案、治一片、警一域"的效果，以司法力量保障社会主义市场经济的有序发展。办案过程中，检察机关严把证据审查关口，正确适用法律规定。在当下经济高速发展社会背景中，侵犯知识产权行为常见多发，并且呈现上升趋势。销售假冒注册商标的商品罪作为一种销售商品的犯罪，基于商品的交易性和流转性、手段的多样化和专业化、证据留存和收集难，使得办理侵犯知识产权类案件有心无力。针对疑难复杂案件，检察官提前介入引导侦查，夯实证据基础，确保诉讼请求的全部实现。在案件审查过程中，对于销售假冒注册商标的商品罪与假冒注册商标罪的本质区别，检察机关立足事实、证据，准确适用法律，对公安机关移送的事实、罪名审慎分析，准确认定。同时，检察机关积极落实刑事司法政策，提升案件办理质效，摒弃"就案办案"思想，认真落实中央和最高人民检察院关于保护民营企业和依法保护知识产权的部署要求，通过认罪认罚、追赃挽损、附加罚金刑加强对知识产权侵害的打击力度，对犯罪行为进行严厉打击，起到了良好的震慑效果，保护了知识产权人的合法权益，以司法力量保障了社会主义市场经济的有序发展。

第四章　知识产权文化建设与重要项目

第一节　全区：树立融合理念，营造保护氛围

一、知识产权宣传与培训

2018—2022 年，自治区市场监督管理厅（知识产权局）持续加强知识产权宣传推广与培训教育工作，加强知识产权人才队伍建设，树立知识产权大融合理念，培养营造良

好保护氛围。

2018 年　自治区市场监督管理厅（知识产权局）选派执法人员参加执法人员上岗培训及执法维权业务提高培训。参加"一带一路"沿线各省（区、市）知识产权局工作会，加强各省市间执法办案的协调工作。举办重点园区及骨干企业知识产权保护运用能力提升培训班，提升自治区知识产权保护运用能力，全区 100 余名重点园区及骨干企业人员参加培训。举办以"倡导创新文化，尊重知识产权"为主题的"4·26 知识产权宣传周"活动，活动期间共发放各类知识产权资料、报刊 5000 余份，展出展板 100 多块，通过展示知识产权知识、发放宣传资料、现场咨询等形式，使市民树立尊重知识、保护知识产权的意识。举办 2018 年宁夏专利信息利用培训班，采用"理论基础＋案例分析＋实务操作"的形式，有针对性地讲解如何利用专利信息在产业布局、技术创新、企业转型方面发挥导航引领作用。举办两场知识产权进校园活动，邀请全国中小学知识产权教育知名专家分别在青铜峡市第五中学、宁夏育才学校进行知识产权和创新教育交流讲座，指导学校申报全国中小学知识产权教育试点学校，对学校开设知识产权教育过程中遇到的困惑和难题进行交流和解答。组织全区知识产权局系统工作人员、企事业单位相关人员、代理机构等参加《中国知识产权报》2018 年"4·26"特刊"中国公众知识产权知识有奖竞赛"。积极组织全区中小学生参加《中国知识产权报》"4·26"创新系列特刊答题活动，形成"教育一个学生，影响一个家庭，带动整个社会"的局面，进一步提高全社会的知识产权保护意识。联合自治区教育厅开展 2018 年全区中小学知识产权教育试点示范学校申报工作。组织参加第三十三届宁夏青少年科技创新大赛活动，通过摆放宣传展板、发放宣传资料、现场咨询答疑等形式，进一步提高青少年创新意识和能力。指导宁夏银川一中、银川市二十一小学、银川市唐徕中学 3 家国家级中小学知识产权教育试点学校开展各项知识产权教育活动。组织国家级中小学知识产权试点学校部分教师，参加国家知识产权局举办的全国中小学知识产权教育培训班。为全国中小学知识产权试点学校、全区首批中小学校知识产权教育基地及部分知识产权教育工作开展较好的中小学赠阅《中国知识产权报》《发明》《全国中小学知识产权教育示范读本（试用本）》《青少年知识产权普及教育丛书》等报刊和书籍。做好宁夏银川一中参评全国中小学知识产权教育示范学校各项准备工作。组织开展知识产权"进学校、进企业、进园区"活动，加大自治区知识产权人才培养和培训工作力度，举办 2018 年宁夏专利信息利用培训班，在石嘴山市 e＋青年电子商务创业孵化园举办知识产权保护及创新方法讲座，邀请合天律师事务所专家在宁夏工业学校开展知识产权知识讲座。组织宁夏大学和北方民族大学骨干教师参加国家知识产权局组织举办的"全国高校知识产权师资培训班"，进一步推动自治区高校知识产权教育工作的有序开展。

2019年　自治区市场监督管理厅（知识产权局）以"4·26"世界知识产权日为契机，联合自治区知识产权战略实施工作联席会议成员单位举办知识产权宣传周活动，制作展板50块，发放宣传专刊2000份，印发宣传资料5000份。邀请知识产权知名专家进校园、进企业开展知识产权专题宣传讲座活动，宁夏大学、银川市唐徕中学近500名师生参加。开展全国中小学教育示范试点学校评定工作，银川一中被国家知识产权局、教育部确定为首批"全国中小学知识产权教育示范学校"，银川市第九中学被确定为第四批"全国中小学知识产权教育试点学校"。加大知识产权保护运用工作培训力度，采取"请进来、走出去"的模式，先后在吴忠市、珠海市举办两期知识产权业务培训班，组织知识产权从业干部参加国家知识产权局举办的各类知识产权业务培训，全面提升知识产权行政管理人员的业务能力，强化知识产权执法队伍建设。

2020年　自治区市场监督管理厅（知识产权局）利用全国知识产权宣传周活动契机，组织联席会议成员单位及各市开展形式各异、精彩纷呈的宣传活动，运用网络和新媒体等载体，广泛宣传自治区关于知识产权创造、保护、运用和管理方面的典型事例。通过创新培训方式，组织行政管理人员、企业人员参加知识产权保护能力提升、知识产权仲裁调解机构建设等各类线上线下培训共17期，进一步强化知识产权保护意识，提升业务管理水平。以新冠肺炎疫情防控、重点领域治理动态、刑事司法保护成效、政策法规解读阐释、社会共治构建进展为重点，强化报纸、杂志、宣传册等纸质宣传媒介作用，运用电视、广播等宣传渠道制作视频、音频短片，通过中国打击侵权假冒工作网站宁夏子站及时发布工作信息和动态，加大对自治区打击侵权假冒工作成果的宣传，发布工作动态信息410篇。围绕"4·26"世界知识产权日、"5·15"打击和防范经济犯罪宣传日以及"双十一""双十二"等网络购物集中促销期等重要时间节点，组织政策宣传、专家访谈、媒体解读，提升消费者消费维权意识，营造舆论声势，开展集中宣传35场次，发放宣传材料13.9万份，发送宣传短信17.5万条，发布警示信息8300条。自治区司法厅通过媒体"以案释法"专栏，围绕打击侵权假冒的热点案件发布典型案例近50篇，利用"宁夏法治"微信公众号累计发布涉及知识产权等相关法治信息100余篇，指导各地各部门创作与知识产权、消费者权益保护等内容相关的法治文艺作品、书品10余个，有效营造了全社会打击侵权假冒的浓厚法治宣传氛围。同时，将知识产权专业列入全区律师行业建立律师专业水平评价评定机制，帮助自治区培养具备知识产权专业能力的律师；组织具有专利代理资质的律师事务所深入企业，举办知识产权讲座及专利代理人业务案例研讨会。

2021年　自治区市场监督管理厅（知识产权局）配合做好全国知识产权系统先进集体和先进个人推荐评选工作，推荐报送2家先进集体和2名先进个人。成功举办全区知识产权行政管理人员培训班，对全区 50 名行政执法人员进行知识产权侵权判定查处等相关业务专题培训。举办 2021 年宁夏知识产权宣传周活动启动仪式，组织联席会议成员单位及各市开展宣传活动，发布宁夏知识产权保护十大典型案例。组织召开知识产权新闻媒体通气会，通报知识产权保护和运用重大工作进展情况。运用网络和新媒体等广泛宣传自治区关于知识产权创造、保护、运用和管理等方面成效，不断扩大知识产权社会影响力。将宣传工作贯穿打击侵权假冒工作的全过程，加强舆论引导，利用网站、微博、微信等新媒体宣传报道相关法律法规和"剑网 2021""秋风 2021"专项行动阶段性成果，教育引导广大群众积极参与打击侵权盗版行动。启动第 21 个世界知识产权日版权宣传周活动，分层分类开展《著作权法》《民法典》学习，制作公益广告 2 部、广告宣传片 1 部。在"3·15 消费者权益保护日""4·26 世界知识产权日"等重要节点设置展板 100 余块，发放宣传册 5 万余份，接受群众咨询 1000 余人次。公安部门利用 316 个社区的 351 块 LED 大屏滚动播出知识产权宣传标语、报案电话、发布典型案例，提升全民知识产权维权意识。

2022 年　自治区打击侵犯知识产权和制售假冒伪劣商品工作领导小组办公室制定印发《自治区双打办关于做好 2022 年打击侵权假冒宣传工作的通知》，建立完善工作宣传、信息报送工作制度，收集上报宣传信息 245 篇，中国打击侵权假冒工作网选登 60 余篇。通过"3·15"专题访谈、典型案例发布、假冒伪劣商品销毁等，强化宣传引导，坚持正面发声，及时回应关切，全力营造良好的社会氛围。组织开展第22个世界知识产权宣传周活动，公布10起侵犯知识产权典型案例，举办《中华人民共和国著作权法》学习讲座，创作《保护版权就是保护我们的创造力》宣传片和2部公益广告，在各级各类媒体和宣传平台进行播放。自治区党委宣传部联合教育厅在全区中小学开展版权知识有奖问答活动，400多所学校的23.3万人次参与，提高了宣传效果。自治区司法厅利用"12348"公共法律服务热线平台、宁夏法律服务网和各类新闻媒介，打造法治宣传平台，有效提高全体公民依法保护知识产权的法律意识和法治观念。银川市律师协会公共法律服务工作委员会律师在"2022年银川市3·15公益晚会"上通过现场访谈、答疑解惑、法规解读等方式，就消费者关心的有关打击假冒伪劣商品维权问题进行专业讲解。自治区市场监督管理厅（知识产权局）联合自治区党委组织部举办党政领导干部知识产权保护专题培训班，不断提高领导干部、行政执法人员的知识产权管理和服务水平。自治区司法厅坚持完善人民调解员四级培训体系，有效提升调解员业务素质、工作技能和实战能力，开展线上知识产权培训会，进一步提升民商领域仲裁员的职业化专业化水平。自治区党委宣传部举办全区版权执法监管培训班，培训基层版权执法人员100名。自治区林草局举办林木种苗管理培训班和国家重点林木良种基地观摩交流会，全区国有林场160余名种苗管理人员和 35 名国家重点林木良种基地、国家和省级林木资源库负责人参加学习交流。第二届中国（宁夏）国际葡萄酒文化旅游博览会期间，自治区市场监督管理厅（知识产权局）会同相关部门设立知识产权服务联合工作站，开展知识产权保护政策宣传和咨询活动，并联合办理地理标志业务，为企业和群众提供了高效便捷的服务。自治区司法厅积极推动全区涉外企业知识产权海外预警和维权工作，收集并及时向全区涉外企业转发知识产权预警信息；建立涉外法律律师人才库，组建专业律师团队，全程跟进葡萄酒博览会法律事务事项。自治区商务厅与重要经贸伙伴驻华使馆保持沟通，向企业提供知识产权保护法律和相关技术咨询，提升全区外贸企业应对涉外知识产权纠纷的能力和意识；联合中国出口信用保险公司等中介咨询机构，举办"走出去"风险防范与应对培训会，来自相关部门及全区外经企业的近百人参加培训。

二、知识产权重要特色项目与活动

2019 年　自治区市场监督管理厅（知识产权局）联合中华商标协会与银川市人民政府、宁夏回族自治区商务厅、宁夏回族自治区博览局，于 7 月 5 日至 8 日举办以"加强商标品牌保护　共建创新发展之路"为主题的第十一届中国国际商标品牌节活动。来自世界各地的近 4000 名商标人参与本届商标品牌节活动。本届商标品牌节设有多场展示交流研讨活动，并设立了"商品品牌商标展区""服务品牌商标展区"和"地理标志展区"，汇集748家来自全国各地的品牌企业。本届商标品牌节的成功举办，为自治区学习借鉴国内外商标品牌建设的先进经验，深入实施商标品牌战略，大力提升知识产权保护水平，努力培育一批具有国际竞争力的知名品牌商标，推动宁夏产品向宁夏品牌转变，推动自治区社会经济高质量发展打下了坚实的基础。

2021年 "宁夏枸杞"地理标志正式获得国家知识产权局商标局核准注册，体现了国家知识产权局对宁夏经济社会发展的关心，对宁夏重点产业发展的支持。习近平总书记2016年、2020年两次来宁夏视察时都指出，要把"宁夏'枸杞之乡''滩羊之乡''甘草之乡''硒砂瓜之乡''马铃薯之乡'和葡萄酒等品牌做大做响"。自治区党委政府确定的"九个重点产业"中，枸杞产业是极为重要的优势产业之一。为此，自治区市场监督管理厅（知识产权局）多次向国家知识产权局商标局汇报，争取得到支持，并积极协调指导申报单位不断完善注册申报材料，严格对照申报条件和评选标准查漏补缺，制定"宁夏枸杞"地理标志证明商标使用管理规则，确定地理保护范围。此次获准注册的"宁夏枸杞"地理标志证明商标使用地域得到极大扩展，包括惠农区、平罗县、西夏区、贺兰县、红寺堡区、中宁县、沙坡头区、同心县、海原县、原州区等，对于补齐宁夏枸杞产业发展短板，提升宁夏枸杞品牌知名度、美誉度和影响力，推动宁夏枸杞产业高质量发展具有十分重要的意义，将有效杜绝"宁夏枸杞"品牌被肆意滥用，使"宁夏枸杞"

得到《商标法》的有效保护，让40多万枸杞种植加工销售从业者从"宁夏枸杞"这一特色地域品牌中享受到更多红利，必将开启自治区发展枸杞产业、打造优质区域品牌、强化地理标志保护的新篇章。

第二节　银川市：加强宣传教育，引导企业履责

2018—2022年，银川市市场监督管理局（知识产权局）积极组织开展"4·26"世界知识产权日宣传活动，制定工作方案，通过广播、嘉宾访谈、制作知识产权宣传片、抖音直播等方式，扩大知识产权法律法规及政策体系宣传覆盖面。发布年度知识产权行政保护十大典型案例，培养公民自觉尊重和保护知识产权、自觉抵制侵权假冒行为的习惯。线下设立宣传点50余个，向企业和公众发放知识产权法律法规等各类宣传资料5万余份，接受咨询4000余人。组织市场监管、新闻出版、科技等部门以及相关专业市场、部分企业代表等单位近百人，参加银川市中级人民法院"潜水艇""欧派"商标系列案件庭审旁听7场次，组织专题培训6场次。走进宁夏医科大学总医院、燕宝装饰材料市场管理有限公司、宁夏大学等地进行知识产权法律法规培训，大力宣传锐意创新和诚信经营的典型企业，引导企业自觉履行尊重和保护知识产权的社会责任。

第三节　固原市：多措并举，增强知识产权意识

2018—2022 年，固原市市场监督管理局积极组织开展形式多样的知识产权文化宣传与培训教育活动，主要工作措施如下。

分发宣传材料，宣讲相关政策。深入辖区内企事业、科研、教学单位，上门宣传专利、商标、地理标志产品方面的法律法规和工作管理机制，分发自制的宣传材料，讲解自治区及市政府对企事业单位专利发明、创新有关事项的鼓励资助政策，动员相关企业在生产经营创新中积极申报专利，指导企业开展知识产权贯标认证工作，要求企事业单位既要管控好自身知识产权、防止被侵权，也要教育引导本单位全体人员在生产经营中不得侵犯他人的知识产权。

积极开展知识产权宣传周活动，扩大知识产权社会影响力。在《固原日报》办知识产权宣传专刊 1 期，在固原电视台黄金时段播放专题宣传及字幕宣传广告 210 条次，并通过《固原日报》新媒体客户端、官方微信发布信息进行宣传。在市场监管巡查、检查中向辖区企事业单位发放《中国知识产权报》"知识产权与健康中国"特刊、《固原日报》知识产权专刊 800 多份，咨询解答知识产权问题 20 多件，展示知识产权保护工作成效，有效地扩大了知识产权的社会影响力，增强了全社会的知识产权保护意识。

制作宣传专题，普及政策知识。在"固原大城小事"

等媒体制作宣传专题，以自问自答的形式普及国家知识产权政策及固原市知识产权工作现状，点击阅读量达5000余次。

相关部门联动，开展线下宣传。联合市委宣传部、文化旅游广电局、法院、教育体育局等单位举行广场宣传活动，通过播放知识产权宣传片、散发宣传单、现场咨询答疑等方式普及知识产权知识，发放宣传资料2万余份，制作宣传展板25块。

结合党史教育，宣传走进企业。开展知识产权进企业宣传工作。对各县区的20家地理标志证明商标使用单位逐个进行走访摸底，发放宣传资料，讲解知识产权政策法规，了解企业知识产权工作方面的现状和存在的困难，鼓励和督促企业加强并重视知识产权工作。

加强培训指导，提高业务能力。2019年，组织知识产权执法人员参加上级举办的培训班4期41人（次），结合工作实际召开全市知识产权工作推进会暨行政执法案件信息报送培训，讨论工作方法，通报业务工作现状，达到了以会培训、相互交流的目的，提高了干部对业务工作的掌握能力。2020年，组织全市知识产权行政执法人员、企事业单位参加网络培训3期，培训人数200人次。2021年，组织各县区知识产权行政执法人员和相关企业工作人员11人参加自治区市场监督管理厅（知识产权局）举办的全区知识产权高层次人才培训班。2022年，与固原经济开发区管委会联合组织两次知识产权工作推进暨"政银企"座谈会。

2022 年 4 月和 8 月，分别举办固原市党政领导干部知识产权专题培训会和全市知识产权队伍建设座谈会，累计参会100 人次。组织召开全市知识产权（地理标志产品）培训班和"加强地理标志保护，推动特色产业发展"培训班（线上），增强企业科技创新意识、知识产权保护意识和产出意识，积极助力乡村振兴发展。

第四节　石嘴山市：开展多样活动，打造普法阵地

2018—2022 年，石嘴山市市场监督管理局积极组织开展了形式多样的知识产权文化宣传与培训教育活动，主要工作措施如下。

线上线下结合，开展系列宣传。开展"4·26"世界知识产权日系列宣传活动。开展一次线上培训活动，组织从事知识产权执法人员、知识产权代理机构、企业知识产权人员共计 40 余名参加学习。开展一次知识产权进高校培训活动，邀请知识产权专家面向宁夏理工学院、石嘴山工贸职业技术学院共计 200 余名师生进行宣讲，为高校师生送去法律读本 200 余本。举办 2 次线上竞答活动，"以赛促学"，拓展宣传覆盖范围，在全市范围内组织开展"4·26"知识产权在线有奖知识问答活动，累计参加人员达 3554 人次，获奖人数 610 人，发放奖品价值近 4 万元。开展现场咨询和名优商品展示活动，大武口凉皮、宁夏大窑饮品有限公司等 23 家企业及 20 余家成员单位参加活动，现场悬挂宣

传条幅22条，放置宣传展板14块，发放个性化定制的"知识产权小知识"笔记本、手提袋等宣传资料3000余份，现场接受群众咨询500余次。携手"商标品牌指导站"举办"避免商标无意识侵权与反侵权"线上讲座，邀请专家为30余家企业的管理人员及社会大众共计103人进行商标侵权案例、法律法规和商标实务课讲解。联合石嘴山市第十五小学集团北校区，通过"宁教云"平台开展网上宣讲，执法一线人员结合办案亲身经历，用生动的图片、通俗易懂的语言为小学生讲解保护知识产权的重要性、什么是知识产权等知识，帮助学生从小树立知识产权保护意识。平罗县与三闸村联合，邀请专家为村民深入浅出地讲解地理标识、专利、商标等相关知识，鼓励广大群众积极投入保护知识产权的行动中，发现假冒商标及时投诉举报，增强保护意识，维护自身权益。与石嘴山经济技术开发区管委会协作，组织参加自治区市场监督管理厅（知识产权局）、自治区司法厅和宁夏律师协会联合举办的"知识产权服务企业大讲堂"活动，来自辖区内37家企业的共38人参加，听取专家对知识产权相关政策解析、企业专利技术挖掘、专利技术申请要点等内容的讲解，专家在现场为企业答疑解惑。将"春雷""铁拳"行动开展以来的立案物品和假冒伪劣商品入柜展示，以创新的普法手段打造出主题鲜明的普法新阵地，切实取得了普法与执法并重、成果同亮点齐飞的良好效果。

利用"市场监管大讲堂"，送法进机关促能力提升。

借助"市场监管大讲堂"小平台，开展知识产权知识宣讲活动，市局机关全体干部参加了活动，以晾晒形式对近年来知识产权工作取得的成绩进行分享，展现知识产权工作大作为，进一步推动机关形成浓厚的知识产权保护氛围。

举办知识产权培训讲座，提升相关人员综合素质。2021年，举办商标和地理标志培育与保护培训班，市发改委、商务局、农业农村局等知识产权工作部门联席会议成员单位，旅游、服务和农产品生产、加工、销售等行业，市地理标志集体商标和证明商标持有人、许可人，以及有意向使用地理标志商标的经营主体，市市场监督管理局、县区分局的分管领导及执法人员，共计140余人参加了培训。培训班邀请自治区市场监督管理厅（知识产权局）领导和山东地理标志专家围绕"商标地理标志的申请、管理和使用，地理标志挖掘、申报和使用"进行授课。2022年，举办知识产权培训讲座，邀请宁夏大学赵雅洁博士做知识产权专题培训，为知识产权成员单位负责人、市场监管执法人员和试点示范企业、知识产权代理机构进行了知识产权制度、语境中的知识产权、正确认识知识产权的重要性的讲解，通过理论讲解与案例分析相结合的方式，提高了企业对知识产权挖掘与布局的认识，增强了其知识产权保护意识，提高了知识产权行政管理人员综合素质和能力，取得了良好的效果。

举办优化营商环境专题培训班，提升工作信心。2022年6月9日，组织知识产权成员单位分管领导、业务负责人以及县分局中层干部等 39 名干部参加，聘请专家对《宁夏回族自治区优化营商环境条例》从出台的背景、释放的积极信号、体现的发展思维、带来的发展红利、突出的核心亮点等方面作了深入解读，进一步提升对优化营商环境工作的信心。

第五节　吴忠市：加强宣传造势，保障重要活动

一、知识产权宣传与培训

2018—2022 年，吴忠市市场监督管理局全方位宣传、多层次造势，开展了各项知识产权宣传与培训工作，取得了切实成效。

2018 年　吴忠市市场监督管理局积极协调电视台等新闻媒体，将促进农民增收、企业技术创新、科技成果应用的典型事例制作为宣传专题片，并播出 10 余期。深入企业、园区，通过开展政策解读、发放政策宣传手册等方式开展宣传。承办"中国粮油学会食品分会第八次会员代表大会暨新时代粮油食品科技创新论坛"，推进"科技支宁"东西部合作项目的开展，实现东西部优势互补、共同发展的双赢之路。承办"第七届中国创新创业大赛（宁夏赛区）暨工行杯第三届宁夏创新创业大赛复赛"。

2019 年　吴忠市市场监督管理局组织举办专利周宣传活动。组织干部及相关企业职工参加了《中国知识产权报》"4·26"特刊"中国公众知识产权有奖竞赛"活动；印制

《专利法》《专利法实施细则》5000本，并于当年4月26日在吴忠中心广场举办第19个世界知识产权日大型宣传活动。

2020年　吴忠市市场监督管理局组织市局、分局执法人员于4月26日在吴忠市盛元广场举办第20个世界知识产权日大型宣传活动，市局、利通分局分别设置知识产权宣传咨询服务点，重点宣传相关法律法规知识。同时，组织辖区驰名商标企业、知识产权示范企业共20家企业在盛元广场进行产（商）品展示宣传，扩大参展企业的知名度和影响力。举办"吴忠市地理标志培训班"，不断提升企业知识产权保护意识和知识产权工作人员执法水平。组织企业参加自治区市场监督管理厅（知识产权局）组织的"宁夏专利分析方法培训班"，提升企业知识产权创新能力。

2021年　吴忠市市场监督管理局依托知识产权宣传周等活动，利用门户网站、微信、世界知识产权日集中宣传等线上线下相结合的方式，大力宣传知识产权政策法规及专业知识。在"4·26"世界知识产权宣传周活动中，发放《中国知识产权报》宣传特刊1000份，组织执法人员及相关企业参加知识产权有奖知识竞赛，旁听市中级人民法院知识产权案件公开庭审，通过电视台、公交车车载电视、电梯间轿厢LCD屏、微信公众号等载体播放知识产权宣传短视频，联合市直相关部门、部分企业在开源广场开展集中宣传，编发知识产权宣传短信3万条次，增强社会各界尊重和保护知识产权的意识。全市共举办知识产权专题培训班7期，派员参加全区知识产权培训班 2 期，参训人员 300 余人次，知识产权创造、运用、保护能力有效提升。

2022 年　全市共举办知识产权业务培训 8 期，其中市本级举办 3 期。举办商业秘密保护专题培训，邀请区厅政策法规处专家授课，组织执法人员和企业知识产权管理人员 48 人参加专题培训。举办优化营商环境知识产权创造、保护和运用专题培训班，市域知识产权保护联席会议主要成员单位、各县（市、区）相关人员共 26 人参加了专题培训。应市检察院邀请，举办全市检察系统知识产权业务培训，市、县两级检察官共 50 人参加培训。另外，组织全市系统的 15 名执法人员参加全区知识产权行政执法专题培训。组织知识产权试点、优势、示范企业，商标品牌指导站，知识产权维权援助工作站相关人员，参加自治区市场监督管理厅（知识产权局）组织的知识产权高层次人才培训、中法地理标志保护线上专题培训、知识产权服务企业大讲堂活动。通过开展业务培训、案例研讨、宣讲交流等，提升知识产权行政执法人员、司法机关人员的知识产权纠纷调解、行政裁决、知识产权保护等业务能力，提高了企业的知识产权自我保护、自我管理能力。

二、知识产权重要特色项目与活动

2019 年　吴忠市市场监督管理局积极开展中国智能装备制造（仪器仪表）产业知识产权运营中心建设的筹备工作。2019 年 6 月，由主要领导带队，前往国家知识产权局汇报运营中心修改建设方案等事宜，得到国家知识产权局的认可和支持。按照市委政府指示精神，2019 年 9 月，会同吴忠市国运公司共同组成考察组，赴广州汇桔网总部和合肥分部进行了实地考察，初步确定运营中心建设的合作单位及办公场所。

2020 年 委托吴忠仪表有限责任公司承担运营中心的建设工作。根据《国家知识产权局关于同意吴忠市建设中国智能装备制造（仪器仪表）产业知识产权运营中心的批复》（国知发管函字〔2018〕67 号）精神，吴忠仪表有限责任公司另外选派人员注册成立了宁夏智悟知识产权运营中心（有限公司），全面负责知识产权运营中心的建设及运营；确定知识产权运营中心的建设模式及实施报告，与吴忠仪表有限责任公司达成共享资源及人员配置；完成"宁夏智悟知识产权运营中心（有限公司）"注册登记、运营中心商标设计及注册申请；修改和完善了知识产权运营中心平台实施方案（线上、线下），并与国家知识产权局运营司全面对接国家平台数据，与市科技局沟通平台建设情况；完成门户网站静态页面设计；完成运营中心线下平台架构策划、各个线下功能空间定义及命名、工作流程编制等。

第六节　中卫市：强化宣传培训，营造良好氛围

2018—2022 年，中卫市市场监督管理局强化宣传培训，不断优化培训宣传方式，提升广大主体的知识产权保护意

识，引领知识产权共治格局，在全社会积极营造"尊重知识，崇尚创新，诚信守法"的良好知识产权文化氛围，取得了切实成效。

2019年 利用"3·15"消费者权益保护日、"4·26"世界知识产权日、食品安全周、"质量月"，组织各部门、各单位在全市范围内广泛开展知识产权宣传活动，先后发放宣传资料5000余份，现场接受咨询2000余人。举办了为期1天的全市知识产权培训班，市局机关及分局、2县市场监督管理局、相关企事业单位负责人及从事知识产权工作的人员共120人参加了培训。

2020年 利用"3·15"消费者权益保护日、"4·26"世界知识产权日、"质量月"，在全市范围内广泛开展知识产权宣传活动，发放宣传资料3000余份，现场接受咨询1000余人。举办了为期1天的全市知识产权培训班，市局机关及分局、2县局、相关企事业单位负责人及从事知识产权工作的人员共50人参加了培训。

2021年 利用"3·15"消费者保护日、"4·26"世界知识产权日、食品安全周、世界环境日、"质量月"等开展知识产权保护宣传，组织各部门各单位在全市范围内广泛开展知识产权宣传活动，先后发放宣传资料10万余份，现场接受咨询2000余人。组织25家知识产权优势、示范企业参加全市知识产权高层次人才培训班，在全市20家高新技术企业开展知识产权培训。组织全市企业参加商标、地理标志、专利申请等知识产权培训4场次，培训人数 500 人。利用微信公众号推送"小撒带你走进知识产权"商标、专利相关知识 9 期。

2022 年 利用"3·15"消费者权益保护日、"4·26"世界知识产权日等开展知识产权保护宣传活动。积极发挥中卫市知识产权联席会议办公室作用，全市 26 个成员单位参加 2022 年宁夏知识产权宣传周活动中卫分会场启动仪式，各成员单位按照各自职责开展不同形式的知识产权宣传活动。宣传周期间，悬挂宣传横幅 11 条，张贴宣传画 100 余张，发放政策法规读本 300 余本、宣传彩页 2000 余份，在电子屏发布知识产权宣传标语 380 条次，手机短信发布宣传标语 10 万条次。组织全市 25 家知识产权优势、示范企业参加全区知识产权高层次人才培训班，3 家企业参加企业知识产权保护指南培训，11 家企业参加中法地理标志在线研讨会，24 家企业参加知识产权服务企业大讲堂活动。